MICE 会展策划与管理专业系列教材

专家指导委员会主任/韩玉灵 总主编/康年

U0825124

会展项目管理

实训指导手册

邬燕 宋慧娟 韩健◎主编

张素 吴杰楠 刘硕◎副主编

数字资源总码

◆推进校企“双元”合作开发

◆瞄准行业数字化发展趋势

◆匹配专业教学标准核心课程

◆贯穿国际通行活动管理理念

◆引领职业教材形式创新需求

旅游教育出版社

·北京·

图书在版编目（CIP）数据
会展项目管理 / 邬燕，宋慧娟，韩健主编. -- 北京 :
旅游教育出版社，2025. 1. --（会展策划与管理专业系
列教材）. -- ISBN 978-7-5637-4742-9
Ⅰ. G245
中国国家版本馆CIP数据核字第2024PS1324号

会展策划与管理专业系列教材

会展项目管理

邬　燕　宋慧娟　韩　健　主编

张　素　吴杰楠　刘　硕　副主编

总 策 划	丁海秀
执行策划	赖春梅
责任编辑	何　玲
出版单位	旅游教育出版社
地　　址	北京市朝阳区定福庄南里 1 号
邮　　编	100024
发行电话	（010）65778403　65728372　65767462（传真）
本社网址	www.tepcb.com
E - mail	tepfx@163.com
排版单位	北京旅教文化传播有限公司
印刷单位	唐山玺诚印务有限公司
经销单位	新华书店
开　　本	710毫米 × 1000毫米　1/16
印　　张	17.5
字　　数	251 千字
版　　次	2025 年 1 月第 1 版
印　　次	2025 年 1 月第 1 次印刷
定　　价	68.80 元

（图书如有装订差错请与发行部联系）

会展策划与管理专业系列教材
专家指导委员会、编委会

专家指导委员会

主　任：

韩玉灵（北京第二外国语学院教授，曾担任教育部全国旅游职业教育教学指导委员会秘书长）

副主任：

杜兰晓（浙江旅游职业学院校长、教授，中国职业技术教育学会智慧文旅职业教育专业委员会执行主任）

瞿立新（无锡城市职业学院校长、教授，全国旅游职业教育教学指导委员会会展专业类专业委员会副主任委员）

丁海秀（中国职业技术教育学会智慧文旅职业教育专业委员会副秘书长，旅游教育出版社副社长）

编委会

总主编：

康　年（上海师范大学副校长、上海旅游高等专科学校校长，全国旅游职业教育教学指导委员会会展专业类专业委员会主任委员）

执行总主编：

宋　波（上海师范大学教授，上海旅游高等专科学校旅游研究院常务副院长，全国旅游职业教育教学指导委员会会展专业类专业委员会秘书长）

编委（排名以姓名拼音为序）：

安小霞　仓　俊　陈　超　陈　萍　陈　姝　陈彬彬　陈翊霖
程致远　褚玉静　丁　旭　段玉敏　葛　菲　宫　博　关庆飞
哈丽旦·巴克　韩　健　郝俊谦　洪伟鑫　黄可筠　贾巧云
蒋天駿　雷　敏　李　健　李　杨　李荣艳　李小蓉　李悦玫
林海榕　刘　硕　刘　文　刘　臻　刘馥馨　刘淼晶　罗绮琦
彭慧翔　钱红阳　任子荣　宋慧娟　孙景然　唐新安　田明舸
田志武　万　涛　王　菱　王琳艳　王姗姗　邬　燕　吴　烽
吴杰楠　吴舒姗　武　君　向　军　谢予馨　徐敏钰　徐若然
徐永君　闫　敏　杨　洁　杨　欣　杨　正　姚　歆　叶大海
余音梅　袁　丽　张　磊　张　素　张　媛　张慧娟　张立英
张素霞　张岩岩　张颖真　张芝敏　赵　建　赵慧娟　赵中华
郑　伟　郑晓星　钟梦婷　周春旺

《会展项目管理》编委会

主　编：

邬　燕　浙江旅游职业学院

宋慧娟　成都职业技术学院

韩　健　辽宁省交通高等专科学校

副主编：

张　素　浙江旅游职业学院

吴杰楠　成都职业技术学院

刘　硕　辽宁省交通高等专科学校

顾　问：

钱红阳　浙江省会展业标准化委员会

李　健　杭州市国际会展博览集团有限公司

周春旺　苏州市康盟商务有限公司

总序 PREFACE

会展业以多维度、深层次的经济与社会功能，不仅为现代服务业的发展注入了强劲动力，更在推动城市经济繁荣、促进全球经济一体化等方面扮演着举足轻重的角色。近年来，全球会展业步入了持续且高速发展的轨道，其市场规模以前所未有的速度扩张，到2028年，全球会展活动市场规模将达到15 529亿美元（ResearchAndMarkets.com）。国内会展业更是迎来了蓬勃发展的春天，市场规模连年攀升，已跃升为全球会展版图中不可忽视的重要力量。从被誉为“中国第一展”的中国进出口商品交易会（广交会），到世界上首个以进口为主题的中国国际进口博览会（进博会）等国家级展会，均具有高度的国际影响力和重要性，它们不仅促进了国内外经济交流与合作，更展示了国家的发展成就和未来趋势。2023年，国内会展经济的直接产值约为5820.6亿元，全国线下展览总数为7852个，展览总面积为14 345万平方米，展览城市由2011年的83个增至197个（《中国展览数据统计报告》）。

伴随着经济社会和数字技术的发展，会展行业发展不断升级，对相关人才培养提出了新的要求。自2018年起，上海旅游高等专科学校作为牵头单位，顺利完成了教育部和全国旅游职业教育教学指导委员会委托的《会展行业人才需求与职业院校专业设置指导报告》《高职会展策划与管理专业教学标准修订》等工作，准确分析把握会展行业人才需求与会展专业人才培养的匹配性。为适应会展行业优化升级需要，本系列教材对接会展产业数字化、网络化、智能化发展新趋势，对接新产业、新业态、新模式下的会议、展览、节庆、会奖旅游等职业群的新要求，满足会展行业高质量发展对高素质技术技能人才的需求，推动职业教育专业升级和数字化改造，提高人才培养质量，遵循推进现代职业教育高质量发展的总体要求。

2023 年底，经过前期与旅游教育出版社的沟通酝酿，上海旅游高等专科学校牵头，组织了“会展策划与管理专业系列教材”核心课程设置暨系列教材编写研讨会，联合浙江旅游职业学院、无锡城市职业技术学院、成都职业技术学院等院校共同组成本系列教材牵头编撰团队，确定了《会展概论》《会展策划》《会展项目管理》《会展营销》《会展沟通与商务礼仪》《会展展示设计与搭建》《会展文案写作》《会展财务管理》《会展运营与执行管理》《会展数字化应用》整套 10 本教材。本套教材面向会展行业着力培养具有会展策划能力、营销能力、运营能力和服务能力等素养的高素质服务型人才，注重培育学生的创新精神和实践能力，使学生既能够熟悉会展的相关政策和理论知识，又能从事会展企业经营管理和服务运作等方面的工作。

本套教材主要特点体现在：一是匹配专业核心课程体系。系列教材与高职会展策划与管理专业核心课程高度匹配，可直接服务专业核心课程建设与教学。二是贯穿活动管理理念和过程。系列教材贯穿活动管理理念，教材内容和主题，与会展活动管理（Event Management）知识框架保持一致。三是瞄准行业数字化发展趋势。系列教材对接新兴职业岗位需求，满足数字化服务技能的需要，结合数字化新技术应用，助力会展新业态发展。四是迎合职业教材形式创新需求。推行项目—任务结构式教材，并配套开发数字化资源，保证后续教材内容及时动态更新，积极与行业共建产教融合教材。

本套教材既可作为中高职职业教育会展类专业教学用书，也可作为职业本科会展类专业教育的参考用书，同时可作为工具书供从事会展策划与管理的企事业单位专业人员借鉴与参考。

作为全国首套会展策划与管理专业系列教材，难免存在缺陷与不足，恳请读者朋友指正，我们将在再版过程中予以完善与修正。

总主编：上海旅游高等专科学校

前言 FOREWORD

本教材是一本以项目为驱动、以工作过程为导向、以能力为目标、以学生为主体，从会展项目管理相关岗位及岗位群的职业角度出发编写的专业性教材。既可作为高等院校会展专业课程与综合实训等教学活动的教材，也可作为各类会展公司相关从业人员的工作指导用书。

本教材内容包括“先导”和“过程”两大模块，并按照典型工作结构分解与工作流程分析，把两大模块分成了七个学习单元。第一模块“先导”由工作描述、实训设计两个单元组成，着重讲述会展项目管理的相关知识体系、管理要素、岗位职责权限，以及实训场景设计、任务书和评价方案等内容。第二模块“过程”由会展项目从开始到结束的启动、规划、执行、监控、收尾五个阶段组成，着重讲述各个阶段中所包含子项目的工作目的、范围、人员职责、工作程序和相关任务记录表式等内容。

本教材是一本工作手册式的新形态教材，突出实践性的特点，通过“课堂＋实训＋实践”的“三明治”式教学过程，围绕有关会展项目管理的目标、程序、方法等展开。力求通过“项目描述＋典型工作结构分解＋知识点详解＋综合实训”的编写思路，帮助学生了解会展项目管理的职业标准和岗位规范，掌握相关工作技能和技巧，提高分析问题和解决问题的能力。并积累工作经验，帮助学生提高职业适应性和拓展性，为将来实习和就业奠定基础，实现“零距离”人才培养目标。同时，融入课程思政的内容，培养学生具备爱岗敬业、吃苦耐劳、团队协作、绿色环保、勇于创新等职业素养，并树立正确的价值观和道德观。

本教材的先导一、先导二、过程三单元由邬燕、张素编写；过程一、过程五单元由韩健、刘硕编写；过程二、过程四单元由宋慧娟、吴杰楠编写。在编写过程中得到了多方的支持，专家团队包括浙江省会展业标准化委员会副秘书长钱红阳、杭州市国际会展博览集团有限公司董事长李健、苏州市康盟商务有限公司项目经理周春旺。本教材是院校、协会、企业三方深度合作的成果，旨在解决高等职业教育供给与人才需求不匹配的现象，解决高等职业教育中“两张皮”的问题。

最后，欢迎广大专家、学者及各位老师和同学们提出宝贵的意见和建议，以促进本教材的完善与提高。

邬　燕

目录 CONTENTS

模块一

先导一

会展项目管理工作描述 / 3

先导二

会展项目管理实训设计 / 57

模块二

过程一
项目启动阶段 / 85

过程二
项目规划阶段 / 125

过程三
项目执行阶段 / 161

模块一

先导一

会展项目管理工作描述

思维导图

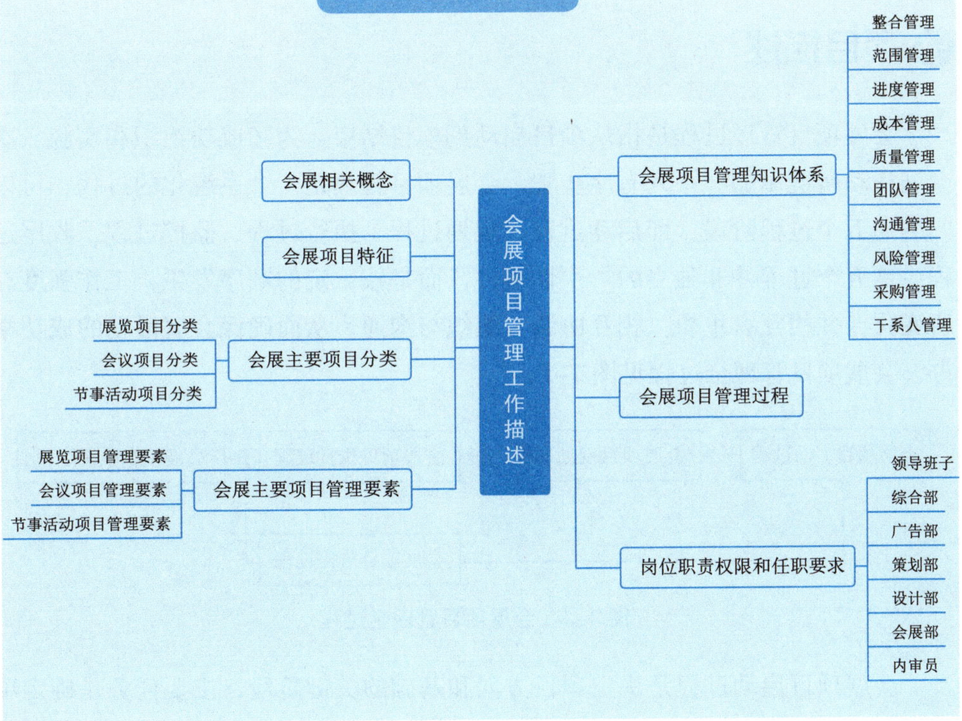

学习目标

通过本项目的学习，学生应该能够达到的知识、能力、素质目标如下：

1. 掌握会展项目的特征，理解会展项目的分类；
2. 掌握展览项目、会议项目和节事活动管理的要素，理解会展项目各阶段的工作内容，培养明确的社会责任感、较强的集体意识；
3. 能系统掌握会展项目管理的内容，具备独立或协作完成会展项目从规划到收尾全过程的能力，展现出良好的团队协作、沟通表达、创新思维、责任感的职业素养；
4. 培养会展项目各个岗位的胜任能力，具备爱岗敬业、精益求精、吃苦耐劳、勇于挑战的职业素养。

项目描述

会展项目管理过程是指从项目启动到项目结束，为了成功组织和实施一次会展活动所遵循的一系列有序步骤。会展项目管理是一个系统化的过程，可以归纳为五个过程阶段，即启动过程、规划过程、执行过程、监控过程、收尾过程。这五个过程并非独立的一次性事件，而是按一定的顺序发生，工作强度有所变化，并相互有重叠，相互协调、组织与沟通，从而确保会展活动的成功举办。会展项目管理全过程见图 1–1。

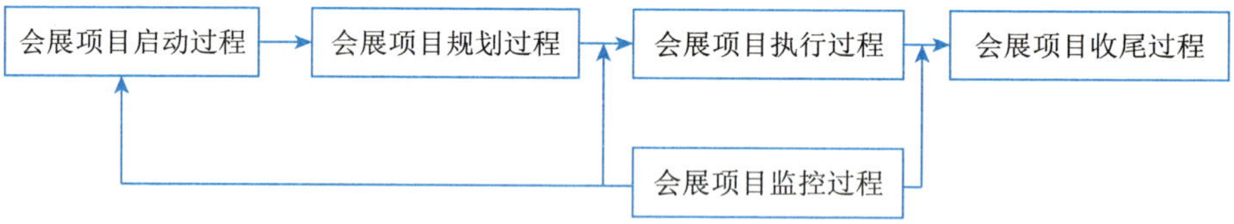

图 1–1 会展项目管理全过程

会展项目启动过程是决定项目方向和基础的关键阶段，主要任务是确定项目是否值得进行，制订初步的项目框架。

会展项目规划过程是确保项目顺利实施而进行详细规划和准备工作的阶段，主要任务是根据项目目标、市场调研结果和可行性分析，制订出全面、具体、可行的项目实施方案。

会展项目执行过程是将前期规划转化为实际行动以实施会展活动，主要任务是通过项目团队紧密协作，确保所有活动按计划进行，同时灵活应对突发情况。

会展项目监控过程贯穿于项目执行的全过程，旨在通过持续监测项目的各项绩效指标，及时识别偏差，采取有效措施进行调整，确保项目按预定目标、时间、成本和质量顺利完成。

会展项目收尾过程的主要任务是确保项目成果得到妥善交付，项目资源得到合理释放，项目经验得到有效总结，项目文档得到完整归档。

知识点分解

知识点 1　会展相关概念

会展——是指会议、展览、大型活动等集体性的商业或非商业活动的简称。其概念内涵是指在一定地域空间，许多人聚集在一起形成的、定期或不定期、制度或非制度的传递和交流信息的群众性社会活动，其概念的外延包括各种类型的博览会、展销活动、大中小型会议、文化活动、节庆活动等。狭义的会展仅指展览会和会议；广义的会展是会议、展览会、节事活动和各类产业/行业相关展览的统称。会议、展览会、博览会、交易会、展销会、展示会等都是会展活动的基本形式。

会展产业——是指有会展相关服务企业、机构、部门形成的产业体系。通过策划、组织、举办各类会展活动，为参展商、参会者、观众和相关利益方提供信息交流、商务合作、市场营销等服务，从而产生直接或间接经济效益和社会效益的产业。会展业融合了服务、信息、贸易、旅游、文化、体育等多种业态，是我国现代服务业的重要组成部分，在经济、科技、文化、旅游等领域发挥着关键作用。

会展项目——是指围绕特定主题，由专业机构或团队策划、组织、执行并在预定时间内完成的群体性活动。这类活动通常包括会议、展览、节庆、奖励旅游等形式，旨在通过高效的资源整合与运作，为参与者提供信息交流、产品展示、商业交易、知识传播、文化体验、品牌推广等多元化的功能与服务。会展项目具有明确的目标、预设的预算、限定的时间以及特定的参与群体，需要经过系统化管理以确保在有限的资源约束下达到预期效果。

会展项目管理——是指对各类会展项目进行系统性、专业化的策划、组织、协调、控制与评估，以确保在规定的时间、预算和质量要求内，实现项目目标的一系列活动和过程。它是项目管理原理与方法在会展行业中的具体应用，旨在通过科学的管理手段，提高会展项目的成功率，最大化项目价值，满足参与各方的需求和期望。

知识点 2　会展项目特征

微课

会展项目特征

会展项目是以会展活动为管理对象的项目形式，其本身带有会展的某些特质。概括而言，会展项目的特征主要体现在以下几个方面：

特定主题性——每个会展项目都有其核心主题，如行业发展趋势、产品发布、学术研讨、文化交流等，这一主题贯穿整个项目的策划、宣传、内容安排及后续活动。

多维目标性——会展项目的目标通常是多元化的，既包括主办方的商业目标（如盈利、市场推广、品牌建设），也需满足参展商的营销目标（如产品销售、客户关系维护、市场调研）以及参会者的个人或职业发展目标（如知识更新、人脉拓展、业务合作）。

业务综合性——会展项目融合了会议、展览、活动策划、市场营销、客户服务、后勤保障、技术支持等多种业务活动，涉及广泛的行业和部门，如商业、交通、餐饮、旅游、广告、通信等，体现了极高的综合性。

受众广泛性——会展项目涵盖各个行业和领域，其受众群体具有极大的行业跨度和专业多样性。其受众包括但不限于参展商、采购商、观众、会议代表、演讲嘉宾、媒体人士、赞助商、服务商、行业领袖、政策制定者、研究机构、教育工作者、学生等。这些角色身份各异的参与者构成了会展项目的多元化受众群体，各自带着不同的目的和需求参与活动。

时间敏感性——会展项目实施有严格的时间表，包括筹备期、布展期、开展期、撤展期等，对时间管理要求极高。按时完成各项准备工作，准时开幕、闭幕，以及确保活动期间各项流程按计划进行，是衡量会展项目管理水平的重要指标。

多方协作性——会展项目涉及众多利益相关方，如主办方、承办方、协办方、参展商、赞助商、观众、媒体、政府部门、服务商等，需要高效协调各方关系，确保各方需求得到满足，形成良好的合作关系。

风险多样性——会展项目面临多种风险，如市场需求变化、竞争态势、政策法规变动、安全与卫生问题、技术故障、自然灾害、经济波动等，需要建立完善的风险识别、评估、应对和监控机制，以确保项目顺利进行。

知识点 3 会展主要项目分类

一、展览项目分类

微课

会展主要项目分类

展览是指在一定地域空间和有限时间区间内举办的，以产品、技术、服务的展示、参观、洽谈和信息交流为主要目标的，有多人参与的群众性活动。

按展览项目的目的分类——可以分为经济贸易类展览项目和文化类展览项目。经济贸易类展览项目是以贸易、投资和经济合作等商务活动为主要功能的展览会。在中国，服务于经济贸易活动的展览会、博览会、展销会、交易会、经济贸易投资洽谈会，均归为经济贸易类展览会。文化类展览项目的主要功能是政治性、艺术性和群众性的，如科普展览、艺术展览、历史文化展览等。

按展览项目的性质分类——可以分为贸易类展览项目、消费类展览项目和科技类展览项目。贸易类展览项目又称 B2B（Business-to-Business）展览，主要面向行业内部专业人士和企业买家，旨在促进商业交易、技术交流、市场拓展以及供应链合作。这类展览通常聚焦特定行业或产业链，展览的最终目的是交易。消费类展览项目又称 B2C（Business-to-Consumer）展览，主要面向普通消费者或终端用户，以推广产品、扩大品牌知名度、直接销售商品为主要目的。这类展览通常涵盖消费品、家居用品、汽车、旅游、美食、文化艺术、生活方式等领域。科技类展览项目专为展示、交流和推广科技产品、技术、创新成果而设立，此类展会专业性较强，科技含量高，适合专业参展商参展和专业观众参观。

按展览项目的内容分类——可以分为综合型展览项目和专业型展览项目。综合型展览项目涵盖多个行业或主题，展示内容广泛多样。专业型展览项目专注于某一特定行业或主题，如科技展、艺术展、珠宝展、汽车展等，展品高度专业化。

按展览项目的举办方式分类——可以分为线下展览项目、线上展览项目和混合式展览项目。线下展览项目是指传统的实体展览，参与者在实体展馆内观展、交流。线上展览（虚拟展览、数字展览）项目是指利用互联网、VR/AR 等数字技术举办的展览，参展商和观众通过网络平台进行展示、参观、互动、洽谈。混合式展览（线上线下融合）项目是指结合线下实体展览与线上虚拟展览，提供双重参与渠道。

二、会议项目分类

会议是指参与者在预定的时间和地点，遵循一定的程序，围绕特定议题进行讨论、交流、审议、决策或信息分享的有组织、有领导、有目的的群体活动，涵盖各类专业会议、研讨会、论坛、讲座、大会等。

按会议项目的主办主体分类——可以分为公司（企业）类会议、社会团体会议（政府会议、协会会议）、其他组织会议（联谊会、交流会）。

按会议项目的组织形式分类——可以分为大会或年会、代表会议、论坛、专题学术讨论会、座谈会等。

按会议项目的举办内容分类——可以分为商务会议、度假会议、文化交流会议、展销会议、专业学术会议、政治性会议、培训会议等。

三、节事活动项目分类

节事活动是指在特定时间、地点，围绕特定主题，按照预先策划的方案，由官方、社区、民间团体或商业机构组织举办的一系列具有文化、娱乐、社交、商业、教育或纪念意义的集体活动。涵盖各类文化节庆、体育赛事、主题庆典、艺术表演、民俗活动等，旨在吸引公众参与、弘扬文化、休闲娱乐、提升城市形象，同时也可能伴有商贸活动和旅游推广。

按节事活动的主题内容分类——可以分为文化类节事、体育类节事、旅游类节事、商业类节事、节庆类节事和纪念类节事。文化类节事：如文化节、艺术节、电影节、音乐节、戏剧节、舞蹈节、文学节、民俗节、非物质文化遗产节等，侧重于文化展示、艺术表演、学术研讨、文化交流。体育类节事：如运动会、马拉松、自行车赛、帆船赛、滑雪节、高尔夫公开赛、电竞赛事等，以体育竞赛、运动体验、健康推广为主。旅游类节事：如旅游节、美食节、花节、灯会、冰雪节、温泉节、摄影节等，依托地方旅游资源，促进旅游消费、推广旅游目的地。商业类节事：如购物节、汽车展、房展会、科技展、动漫展、书展、农产品展销会等，以商品展示、交易、品牌推广为主。节庆类节事：如春节、中秋节、国庆节、圣诞节、万圣节等传统或现代节庆活动，以及地方特色节庆，如龙舟赛、花灯节、火把节等。纪念类节事：如周年庆典、纪念日活动、名人诞辰纪念活动等，旨在纪念特定历史事件、人物或里程碑。

按节事活动的举办周期分类——可以分为常年性节事、定期循环节事和一次性节事。常年性节事是指全年或大部分时间持续进行，如主题公园的日常表演、特定街区的周末市集等。定期循环节事是指每年或每几年固定时间重复举办，如一年一度的电影节、两年一届的艺术双年展等。一次性节事是指为纪念特定事件或庆祝特定主题而临时举办，如建党100周年庆祝活动、大型体育赛事等。

虽然展览项目、会议项目和节事活动项目会根据不同的标准划分成多种类型，但是每种分类方式都揭示了各个类型会展项目的不同侧重点和功能定位。实际的会展项目可能同时具备多种分类特征，展现出会展活动的多样性和复杂性。

知识点 4　会展主要项目管理要素

一、展览项目管理要素

展览项目的管理要素是指在成功组织和实施展览项目过程中必须关注和有效掌控的关键方面。这些要素涵盖了项目的各个方面，从战略层面到执行细节，确保展览项目的顺利进行和预期目标的达成。以下是展览项目管理的几个核心要素：

展览目标与主题选定——明确展览项目的目标定位、受众群体、预期规模、商业目标（如销售额、品牌曝光度、行业影响力等）及社会效益目标。结合行业趋势、目标市场、地域文化等因素，通过组织项目团队的头脑风暴构思选定项目主题。

组织与团队——展览项目的组织架构侧重于部门化分工，如策划、销售、营销、运营、设计、工程、财务等，部门之间需要紧密协作，以确保展览从前期策划、招商招展、展位设计与搭建、参展管理、现场服务到后期撤展等全过程的顺利进行。

参展商与展品管理——制定并执行招展招商策略，吸引符合展览主题与定位的参展商，确保展品质量和多样性。提供完善的参展商服务，包括展位预订、搭建指导、物流服务、现场支持等，确保参展商满意。设立展品审查机制，确保展出内容符合法律法规、行业规定及展览主题要求。

观众与宣传推广——通过线上线下多渠道进行观众招募，精准定位目标观众群体，制定有效的推广策略，确保观众数量与质量。设计合理的票务政策，提供便捷的购票通道，实施有效的票务销售与现场管理。策划并执行宣传推广计划，包括公关活动、广告投放、媒体合作、社交媒体营销等，提升展览项目的知名度与影响力。

场地与设施管理——根据展览规模、类型、目标观众等因素，选择合适的展览场地，确保其能满足展览需求。精心设计与布置展览空间，包括展区划分、展台搭建、公共区域布置、导示系统等，创造良好的观展环境。确保展览场地的设施（如电力等）正常运行，提供必要的现场服务（如清洁、餐饮、休息区等），确保展览顺利进行。

活动与服务管理——策划并组织各类配套活动，如开幕式、体验活动、赛事活动、主题论坛、发布会等，丰富展览内容，增加观众参与度。提供优质的现场服务，包括接待、导览、咨询、医疗急救等，确保观众、参展商及嘉宾的舒适体验。制订并执行严格的安全管理措施，包括消防、应急疏散预案等，确保展览期间的人身财产安全。

财务管理——根据项目规划，编制详细且可行的项目预算，包括收入预测、成本控制、资金流管理等。严格执行预算，监控展览成本支出，及时调整预算以应对不可预见的变化，确保展览项目财务健康。通过票务销售、赞助、广告、特许经营等多种方式实现收入最大化，确保项目营利或达到预期经济效益。

项目复盘——展览结束后，对项目整体效果进行评估，包括观众满意度、参展商反馈、媒体评价、经济效益等。收集并分析展览数据，如观众人数、参展商数量、交易额、媒体曝光度等，为未来的项目优化提供依据。根据评估结果与反馈意见，总结项目经验教训，持续提升展览项目的管理水平与效果。

二、会议项目管理要素

会议项目的管理要素是指在成功策划、组织和实施会议项目过程中必须关注和有效掌控的关键方面。这些要素涵盖了会议筹备、执行及后续评估的全过程，确保会议目标得以实现、参会者满意度得到提升。以下是会议项目管理的几个核心要素：

会议目标与主题选定——清晰定义会议举办目的，如知识分享、决策制定、问题解决、关系建立、产品推介等，设定具有吸引力和实用性的主题，确保内容的针对性与价值性。会议主题是一次会议中贯穿各项议题的主线。会议议题是根据会议目标确定并付诸会议讨论或解决的具体问题。会议主题和议题的确定是会议策划与组织过程中的核心环节。主题选定需要考虑其与会议目标的相关性、对参会者的吸引力、在行业中的新颖性、实施的可行性等。

组织与团队——会议项目的组织架构相对简洁，项目团队成员主要聚焦会议流程管理，围绕会议策划、嘉宾邀请、议程安排、参会者管理、场地租赁、视听设备、餐饮住宿、现场服务等核心任务展开，明确各自角色、职责与权限，确保决策与执行的顺畅。

参会者管理——通过有针对性的宣传与邀请，吸引目标参会者群体，确保招募的参会者数量与质量。设计便捷的在线参会注册系统，处理参会者报名、缴费、信息确认、凭证发放等流程。提供优质的参会者服务，包括接待、住宿、餐饮、交通指南、现场咨询等，确保参会者满意度。

演讲者与议程管理——根据议题需要，邀请行业专家、知名学者、企业领袖等作为演讲嘉宾，确保内容的专业性和权威性。合理安排演讲、讨论、互动环节的时间与顺序，确保议程紧凑、内容丰富且易于消化。为演讲者提供必要的技术支持、资料准备等服务，确保演讲顺利进行。

场地与设施管理——根据会议规模、性质、目标参会者等因素，选择合适的会议场地，确保其能满足会议需求。精心设计与布置会议空间，包括会场布局、视听设备、标识系统、休息区等，营造专业且舒适的参会环境。确保会议场地的设施（如电力、照明、空调、通信等）正常运行，提供必要的现场服务（如清洁、餐饮、技术支持等），确保会议顺利进行。

技术与虚拟平台管理（针对线上或混合式会议）——选用稳定、功能齐全、用户友好的线上会议平台，确保参会者能流畅参与线上活动。提前进行系统测试与演练，确保直播、录播、互动工具、投票等功能正常运行。设立专门的技术支持团队或合作方，为参会者和演讲者提供即时的技术帮助与故障排除。

财务管理——根据会议规划，编制详细且可行的项目预算，包括收入预测（如参会费、赞助费、广告收入等）、成本控制（如场地租赁、设备租赁、场地布置、人员费用、宣传费用等）、资金流管理等。严格执行预算，监控会议成本支出，及时调整预算以应对不可预见的变化，确保会议项目财务健康。通过参会费的合理定价、赞助招商、增值服务等方式实现收入最大化，确保会议项目达到预期经济效益。

项目复盘——会议结束后，对会议整体效果进行评估，包括参会者满意度、演讲质量、信息传播效果、媒体评价、经济效益等。收集并分析会议数据，如参会者来源、参会者满意度、在线观看次数、互动参与度、反馈问卷等，为未来的会议优化提供依据。

三、节事活动项目管理要素

节事活动项目的管理要素是指在成功策划、组织和实施节事活动过程中必须关注和有效掌控的关键方面。这些要素涵盖了活动筹备、执行及后续评估的全过程，确保节事活动目标得以实现、参与者满意度得到提升、社会效应得以彰显。以下是节事活动管理的几个核心要素：

活动目标与主题设定——明确节事活动举办的目的，如文化传承、旅游推广、品牌塑造等，以及期望达成的具体成果。根据活动目标，选定富有吸引力和地方特色的活动主题，确保内容的独特性和吸引力。

组织与团队——节事活动项目的组织架构贯穿节事活动的策划、筹备、执行与收尾，内部职能团队包括策划组、招商组（有招商需求的节事活动）、现场执行组、市场推广组、嘉宾与演艺组（有嘉宾或表演环节的节事活动）、工程支持组、安全保障组、行政与后勤组等。

参与者与观众管理——通过有针对性的宣传与邀请，吸引目标参与者群体，如表演者、志愿者、赞助商等，确保活动的多样性和参与度。通过线上线下多渠道进行观众招募，精准定位目标观众群体，制定有效的推广策略，确保观众数量与质量。设计便捷的在线观众注册系统，处理参与者报名、缴费、信息确认等流程，对于观众则提供购票或预约服务。提供优质的参与者与观众服务，包括接待、住宿、餐饮、交通指南、现场咨询、安全保障等，确保参与者与观众满意。

活动内容与流程管理——根据活动主题，策划丰富文化表演、艺术展览、竞赛、互动体验等活动内容，确保文化内涵的展现与公众参与度。合理安排活动各环节的时间与顺序，包括开幕式、主舞台表演、分项活动、闭幕式等，确保活动流程紧凑、内容丰富且易于参与。确保活动现场的组织有序，包括舞台管理、道具准备、音视频控制、灯光效果、后台管理等，确保活动呈现的专业度。

场地与设施管理——根据活动规模、性质、目标参与者等因素，选择合适的活动场地，如广场、公园、体育馆、文化中心等，确保其能满足活动需求。精心设计与布置活动空间，包括舞台搭建、观众席设置、展览区布局、摊位安排、标识系统、休息区等，营造浓厚的节庆氛围与舒适的参与环境。确保活动场地的设施（如电力、照明、音响、卫生、安防等）正常运行，提供必要的现场服务（如清洁、餐饮、技术支持等），确保活动顺利进行。

合作伙伴与赞助管理——招募与活动主题相符、能提供资源支持的政府部门、企事业单位、社会组织等合作伙伴，明确合作方式与权益分配。制订赞助方案，吸引各类企业等相关方进行赞助，为活动提供资金、实物、服务等支持。与合作伙伴和赞助商保持良好沟通，确保其权益得到落实，同时通过活动为其提供有效的品牌曝光与回报。

风险管理与安全保障——识别活动可能面临的各类风险，如天气变化、人员安全、设备故障、舆情危机等，进行风险等级评估。制定有针对性的风险应对策略和应急预案，包括备用方案、保险购买、安全培训、应急演练等，确保活动应对突发事件的能力。实施严格的现场安全管理措施，包括人流控制、消防安全、食品安全、医疗保障、治安维护等，确保参与者与观众的安全。

财务管理——根据活动规划，编制详细且可行的项目预算，包括收入预测（如门票收入、赞助费、政府补贴、摊位租金等）、成本控制（如场地租赁、设备租赁、人员费用、宣传费用、安全保障费用等）、资金流管理等。严格执行预算，监控项目成本支出，及时调整预算以应对不可预见的变化，同时通过合理定价、赞助招商、衍生品销售、增值服务等方式实现收入最大化，确保项目财务健康。

项目复盘——活动结束后，对活动整体效果进行评估，包括参与者满意度、观众反馈、媒体报道、社会影响力、经济效益等。收集并分析活动数据，如观众人数、参与人数、媒体报道量、社交媒体互动等，为未来的活动优化提供依据。

知识点 5 会展项目管理知识体系

微课

会展项目管理知识体系

PMBOK（Project Management Body of Knowledge）项目管理知识体系是美国项目管理协会（PMI）对项目管理所需的知识、技能和工具进行的概括性描述，是一套项目管理全球公认的标准和指南。其目的是为项目管理专业人士提供一套系统化、结构化的知识框架，涵盖了项目管理的通用最佳实践、工具、技术和方法论。将 PMBOK 应用于会展项目管理中，意味着遵循其核心原则和过程，以确保会展项目的高效启动、规划、执行、监控和收尾。

会展项目管理涉及的知识体系广泛且细致，涵盖了项目生命周期的各个过程和管理的多个维度。主要涉及整合管理、范围管理、进度管理、成本管理、质量管理、团队管理、沟通管理、风险管理、采购管理、干系人管理十个知识领域。

一、整合管理

会展项目整合管理是指在会展项目实施过程中，对涉及项目的各个任务、各种资源和各方利益相关方进行统一协调、有效整合，确保项目整体目标的顺利实现。包括 7 个子过程：

制定项目章程——编写一份正式批准项目并授权项目经理在项目活动中使用组织资源的文件的过程。

制订项目管理计划——围绕项目总体目标，整合、协调全部的项目任务内容，编制详细的项目进度计划文件。

指导与管理项目工作——为实现项目目标而领导和执行项目管理计划中所确定的工作，并实施已批准变更的过程。

管理项目知识——使用现有知识并生成新知识，以实现项目目标，并且帮助组织学习的过程。

监控项目工作——跟踪、审查和报告项目进展，以实现项目管理计划中确定的绩效目标的过程。

实施整体变更控制——审查所有变更请求，批准变更，管理对可交付成果、组织过程资产、项目文件和项目管理计划的变更，并对变更结果进行沟通的过程。

结束项目或阶段——终结项目、阶段或合同的所有活动的过程。

二、范围管理

会展项目范围管理是确保项目包含所有需要完成的工作，同时避免包含不必要的工作，以实现项目目标的关键过程。包括6个子过程：

规划范围管理——创建范围管理计划，书面描述将如何定义、确认和控制项目范围的过程。

收集需求——通过问卷调查、访谈、焦点小组等方式，收集并分析参展商、参会者、主办方等利益相关方的需求和期望。

定义范围——明确项目要达成的具体目标，如吸引多少参展商、参会者，实现多少交易额，提升品牌形象等。确定项目涉及的活动类型（如展览、会议、活动等）、涵盖的主题、目标市场、时间期限、地理范围等。

创建工作分解结构（WBS）——将项目整体工作分解为更小、更易于管理的工作包或活动，形成层次分明、逻辑清晰的WBS。

知识小贴士

什么是WBS

WBS为工作分解结构（Work Breakdown Structure），是会展项目管理中的一种工具和技术，用于将一个大型会展项目或目标分解为较小的、可管理的工作单元或任务，形成一个层次分明、逻辑清晰、全面覆盖所有工作元素的树状结构图，可帮助项目团队更好地理解项目的范围、任务之间的关系及所需的资源。

WBS是由三个关键元素构成的名词：

（1）工作（Work）——可以产生有形结果的工作任务。

（2）分解（Breakdown）——一种逐步细分和分类的层级结构。

（3）结构（Structure）——按照一定的模式组织各部分。

WBS的主要作用有以下方面：

（1）通过项目工作分解，可以获得项目需要完成的全部工作的整体表述，不至于漏掉任何重要的事情。

（2）项目执行者明确具体的任务及关联关系，做到胸有成竹，容易对每项分解出的活动估计所需时间、成本，便于制订完善的进度、成本预算等项目计划。

（3）通过工作分解，可以明确完成项目所需要的技术、人力和其他资源。

（4）便于把任务落实到责任部门和个人，有利于界定职责和职权，便于各方面就项目的工作进行沟通。

（5）使项目团队成员更清楚地理解任务的性质及其努力方向。

（6）便于对项目进行有效的跟踪、控制和反馈。

确认范围——对已完成的工作包进行检查，确保其符合 WBS 定义的内容和质量标准。在项目结束时，进行全面的范围核实，确保所有约定的工作都已经完成，并得到相关方的认可。

控制范围变更——建立项目变更请求提交、审批、实施的流程，对任何可能导致项目范围变更的提议进行严格管理。对提出的变更请求进行影响分析，包括对项目时间、成本、质量、风险等方面的潜在影响。对批准的变更进行实施，并在项目管理计划、WBS、进度计划、成本计划等文档中更新相关信息，确保变更得到有效落实。

三、进度管理

会展项目进度管理涉及对会展项目从启动到结束整个生命周期中各项活动的时间安排、进度控制和优化，以确保项目能够在预定的时间内高效、有序地完成。有效的项目进度管理有助于提高项目团队的工作效率，降低项目成本，提升项目成功率。包括 5 个子过程：

活动定义——识别为完成项目所需的各种特定活动。

活动排序——识别活动之间的时间依赖关系并整理成文件。

活动工期估算——估算为完成各项活动所需工作时间。

进度安排——分析活动顺序、活动工期、资源需求，以便安排进度。首先对会展项目任务进行分解，其次对各项任务按照任务之间的逻辑关系和依赖关系进行排序，在考虑资源可用性、任务复杂性和团队能力等因素的基础上估算每个任务所需的时间，最后使用甘特图或其他项目管理软件将任务、顺序、历时等信息可视化，形成项目时间表。

进度控制——跟踪项目任务工作进度，定期收集项目执行数据，如实际完成的任务、消耗的时间、剩余的工作等，识别实际进度与计划进度之间的偏差，分析偏差的原因，如资源短缺、任务延误、需求变更等，制订并执行相应的纠偏措施，如调整资源分配、优化工作流程、压缩非关键路径活动时间等。最后定期向项目相关方汇报项目进度情况，包括已完成的工作、未完成的工作、预计完成时间、存在问题及应对措施等。

知识小贴士

甘特图（Gantt Chart）由美国工程师亨利·甘特（Henry Gantt）于 20 世纪初发明并以其名字命名，是一种广泛应用于项目管理、任务调度等领域的可视化工具。它以条形图的形式清晰地展示项目各任务、活动、阶段的开始时间、结束时间、持续时间及相互间的逻辑关系，如今已成为项目管理中不可或缺的一部分，用于计划、跟踪、监控和优化项目进度。甘特图既可以手动绘制，也可借助专业的软件（如 Excel、Project 等）制作，主要功能包括：

1. 时间轴：甘特图以水平时间轴为基础，时间轴通常以日期（如日、周、月）为单位进行刻度划分。时间轴从左至右表示项目的起止时间范围。

2. 任务条：每个任务或活动在甘特图中用一条水平条形（条状图）表示。条形的起点对应任务的开始时间，终点对应任务的预计结束时间。条形的长度直观反映了任务的持续时间。

3. 里程碑：重要的项目节点或关键事件，如项目启动、重要交付日期、项目结束等，在甘特图中通常用特殊标记（如菱形、星形等）表示，以突出其重要性和时间节点。

4. 进度追踪：在项目执行过程中，甘特图可以动态更新，反映实际进度。已完成的部分通常用不同颜色（如填充色或边框色）或图案（如条形图中填充进度条）表示，与计划进度对比，直观显示出任务的完成情况、超前或滞后状态。

5. 附加信息：甘特图可以包含额外的列或字段，如任务名称、负责人、优先级、工作量（工时或人天）、备注等，为项目管理人员提供更多维度的信息支持。

通过甘特图，项目团队可迅速看清项目整体时间线、任务分布和关键节点，快速识别任务延期、提前完成或资源冲突，及时调整计划，便于团队成员沟通协作，极大地提高了项目管理的效率和准确性。甘特图示例见图 1–2 所示。

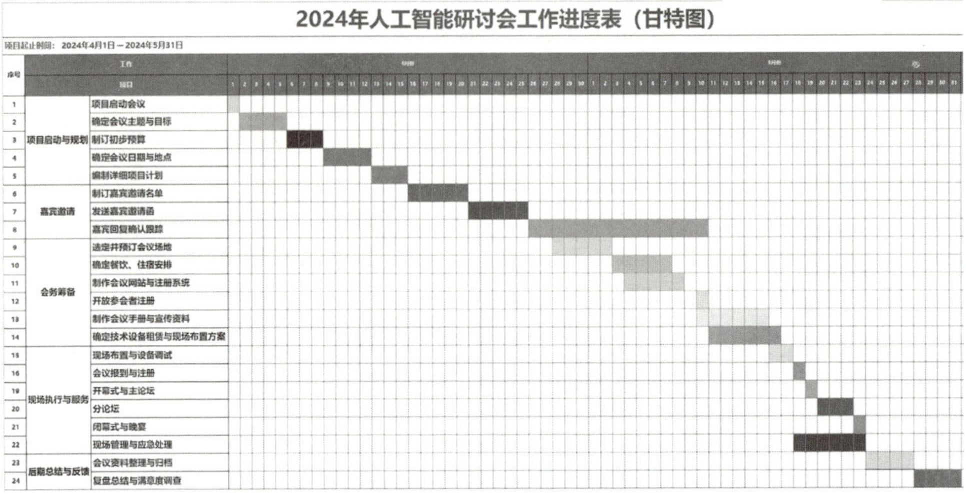

图 1–2 甘特图示例

四、成本管理

会展项目成本管理是指在会展项目生命周期内，对各项成本进行系统性、科学化的预测、计划、控制、核算与分析，以确保项目在预算范围内顺利完成，实现成本效益最大化。包括 4 个子过程：

资源计划——确定为执行项目活动所需要的物理资源（人员、设备和材料）及其数量，明确 WBS 各级元素所需要的资源及其数量。

成本估计——估算出为完成项目活动所需资源的成本的近似值。

成本预算——基于历史数据、行业标准、项目规模、复杂程度、预期目标等因素，对会展项目的各项成本进行初步估算，以确保项目在批准的预算内完成，包括总体成本预算和分项成本预算。总体成本预算是指给出项目总成本的预期数值，作为成本控制的总体目标。分项成本预算是指对直接成本、间接成本、不可预见成本等进行细化，明确各项成本的具体数额和分配比例。将估算出的成本分配到各项目活动上，用以建立项目基线，用来监控项目进度。

成本控制——根据预算，制订成本控制计划，明确成本控制的责任人、方法、标准和时间表。定期收集、记录、分析项目实际发生的成本数据，与预算进行对比，识别成本偏差，包括超支和节约。在项目执行过程中，如遇重大变更或不可抗力导致原预算无法适应新的情况，适时进行预算调整，确保预算的合理性和适用性。

五、质量管理

会展项目质量管理是指在会展项目的整个生命周期内，通过系统性、规范化的管理方法，确保项目提供的产品或服务满足或超越客户、参展商、观众及其他利益相关方的质量要求，实现项目质量目标的过程。包括 3 个子过程：

质量计划——通过制定会展项目的质量标准与规范，涵盖场地设施、展台搭建、展品展示、服务提供、安全保障、环境卫生等各方面，设定会展项目具体可衡量的质量目标，如参展商满意度、观众满意度、投诉率、事故率等。

质量保证——定期评估项目整体绩效，以确信项目可以满足相关质量标准。质量保证是贯穿项目始终的活动。质量保证可以分为两种：内部质量保证和外部质量保证。内部质量保证是提供给项目管理小组和管理执行组织的保证；外部质量保证是提供给客户和其他非密切参与人员的保证。

质量控制——对会展项目各过程、各环节进行定期或不定期的质量检查，如展前准备、布展、开展、撤展等，确保各项活动符合质量标准与规范。对发现的质量问题，及时进行原因分析，制订并实施改进措施，防止问题再次发生。

知识小贴士

ISO 9001 质量管理体系是国际标准化组织（International Organization for Standardization，ISO）制定并发布的质量管理体系标准，它是 ISO 9000 族标准的核心组成部分之一。该体系为各类组织（包括但不限于制造业、服务业、政府机构、非营利组织等）提供了一个结构化的、系统化的方法，以确保其产品或服务的质量能满足客户和法规要求，并持续改进其质量管理效能。

在会展项目管理中，应用 ISO 9001 质量体系意味着将国际标准化组织（ISO）制定的质量管理体系标准融入会展项目的策划、组织、执行和后续服务等全过程，以确保会展项目的高质量、高满意度和持续改进。ISO 9001 质量体系在会展项目管理中的具体内涵主要包括以下几点：

1. 以客户为中心——ISO 9001 强调以客户为中心，要求会展项目管理团队深入了解参展商、参观者、参会者、赞助商等各类客户的期望和需求，并将这些需求转化为具体的项目目标和指标。包括设计与提供符合客户期待的项目主题、内容、形式和服务；建立有效的客户沟通机制，及时响应客户需求和投诉，持续跟踪并提升客户满意度；通过问卷调查、访谈、数据分析等方式收集客户反馈，作为改进项目质量和服务的依据。

2. 领导作用与全员参与——在会展项目中，高层管理者应明确承诺对质量管理体系的领导责任，制定并传达清晰的质量方针和目标，确保资源的合理配置，激励全体员工积极参与质量管理工作。全员参与体现在所有项目团队成员理解并践行质量管理体系要求，承担各自岗位的质量责任；提供必要的培训和支持，确保员工具备履行职责所需的知识和技能；建立跨部门协作机制，确保项目各环节（如策划、招商、设计、搭建、运营、服务等）之间的有效衔接和协调。

3. 使用过程方法——ISO 9001 倡导使用过程方法来管理会展项目，即识别、理解和管理会展项目涉及的各个相互关联的过程。包括明确项目各过程（如启动、执行、收尾）的主要过程及其活动、资源和责任人；建立过程间的对接管理，确保信息流、物料流、资金流的顺畅；制订并执行过程控制措施，如工作程序、检查清单、风险应对计划等，确保过程按预期进行。

4. 基于风险的思维——会展项目管理需运用基于风险的思维，识别、评估并控制项目全周期的风险，确保项目目标的实现。包括在项目规划过程进行风险识别，分析可能导致项目延期、成本超支、质量不达标、客户不满意等风险的因素；对识别出的风险进行量化或定性评估，确定风险等级和优先级；制定风险应对策略，如风险规避、减轻、转移或接受，并将其纳入项目计划和执行中；实施风险监控，定期评审风险状态，调整风险应对措施。

5. 持续改进——ISO 9001 要求会展项目管理团队建立持续改进的文化，不断寻找并实施改进措施，提升项目绩效。包括制订并实施内部审核计划，定期对质量管理体系进行自我检查，识别不符合项和改进机会；运用质量管理工具（如 PDCA 循环、六西格玛、精益管理等）推动项目过程的持续改进；通过数据分析（如项目关键绩效指标 KPI、客户满意度调查结果等）评价项目绩效，为决策提供依据；通过管理评审，对质量管理体系的适宜性、充分性和有效性进行定期评估，确定改进方向。

6. 合规性——确保会展项目遵守所有适用的法律法规、行业标准、主办方规定及与客户、供应商等签署的合同要求。例如，了解并遵守项目举办地的安全、消防、环保、知识产权保护等相关法规；确保与参展商、服务商等签订的合同符合法律要求，明确双方权利义务；对展品进行审查，确保其符合相关法规和行业标准，尤其是涉及食品安全、知识产权、展品进出口等敏感问题。

7. 文件化信息与记录——按照 ISO 9001 要求，会展项目管理应保存适当的文件化信息和记录，以证明质量管理体系的运行和项目活动的执行情况。包括制订并保存项目管理手册、程序文件、工作指导书等体系文件，确保项目管理活动有章可循；保存项目启动、规划、执行、监控、收尾等各过程的记录，如会议纪要、工作指令、检查报告、客户反馈、绩效数据等，作为证据支持决策和改进。

因此，通过在会展项目管理中全面贯彻 ISO 9001 质量体系的内涵，可以有效提升项目管理水平，确保项目的顺利进行，增强客户满意度，提高组织的声誉和市场竞争力。

六、团队管理

会展项目团队管理旨在有效利用项目团队成员的能力，确保团队成员高效协作、任务有序执行，最终成功完成会展项目。包括 3 个子过程：

组织计划——识别、记录和分配项目角色、职责和汇报关系，其主要输出是人员管理计划，描述人力资源在何时以何种方式引入和撤出项目组。

人员获取——将所需的人力资源分配到项目，并投入工作，其主要输出是项目成员清单。

团队建设——提升项目成员的个人能力和项目组的整体能力。定期召开项目团队会议，汇报进展、讨论问题、决策重要事项。利用微信、钉钉等社交工具建立项目群组，保持日常沟通顺畅。为团队成员设定清晰的个人与团队绩效指标，对达成目标的团队和个人给予表扬与奖励，对未达成目标的进行辅导与调整。提供必要的技能培训、行业知识培训，以及职业发展规划指导，提升团队整体能力。

七、沟通管理

会展项目沟通管理是确保会展项目中信息有效传递、理解一致、决策及时、问题及时解决、关系良好、项目顺利推进的关键环节。包括 4 个子过程：

沟通计划——确定信息和项目相关人员的沟通需求，明确沟通要达成的目标。如谁需要什么信息、他们在何时需要信息以及如何向他们传递信息。确定项目中涉及的内外部沟通对象，如项目团队成员、参展商、观众、合作伙伴、供应商、媒体、监管机构等。根据沟通对象的特点与需求，选择合适的沟通渠道，如面对面会议、电话、即时通信等。

信息传播——及时地使项目相关人员得到需要的信息。按照沟通计划，通过选定的渠道，将信息准确、及时地传递给沟通对象。对项目中出现的问题，及时、准确地传递给相关人员，寻求解决方案，避免问题扩大化。通过建立良好的人际关系，增进信任，减少误解，促进合作。

绩效汇报——收集并传播有关项目绩效的信息，包括状态汇报、过程度量以及预报。

项目关闭——产生、收集和传播信息，使项目过程或项目的完成正式化。

八、风险管理

会展项目风险管理是识别、评估、应对和控制会展项目中可能发生的各种不确定因素和潜在威胁，以降低其对项目目标实现的负面影响，确保项目顺利进行的过程。包括 6 个子过程：

风险管理计划——确定风险管理活动，制订风险管理计划。

风险辨识——辨识可能影响项目目标的风险，并将每种风险的特征整理成文档。包括环境风险，如政治、经济、社会、技术环境变化，法律法规变动，自然灾害等；市场风险，如市场需求波动、竞争对手行动、价格变动、市场准入限制等；项目管理风险，如项目延期、成本超支、质量不达标、团队协作问题等；技术风险，如技术故障、技术更新换代等；参展商风险，如参展商退展、参展商违约、参展商投诉等；观众风险，如观众数量不足、观众满意度低、观众安全问题等；合作伙伴风险，如合作伙伴违约、合作关系破裂、合作伙伴服务质量不达标等；供应链风险，如供应商延迟供货、供应商产品质量问题、物流配送问题等；财务风险，如资金链断裂等。

定性风险分析——对已辨识出的风险评估其影响和发生可能性，并进行风险排序。

定量风险分析——对每种风险量化其对项目目标的影响和发生可能性，并据此得到整个项目风险的数量指标。

风险响应计划——采取措施降低风险发生的可能性或影响，包括避免、转移、减缓、接受。

风险监控——整个风险管理过程的监控。

九、采购管理

会展项目采购管理是整个会展筹备过程中至关重要的一环，它涉及对各类物资、服务、技术等资源的获取与整合，以确保会展活动顺利进行并达成预期目标。包括 6 个子过程：

采购规划——识别哪些项目需求可通过采购执行机构之外的产品或服务而得到最大满足。需要考虑是否需要采购，如何采购（询价、招标等），采购什么，何时采购，采购数量。

招标规划——将对产品的要求编成文件，识别潜在的来源。招标规划涉及支持招标所需文件的编写。

招标——获得报价、投标、报盘，或获得合适的方案。招标涉及从未来的卖方中得到有关项目需求如何得到满足的信息。

招标对象选择——对比不同供应商的产品质量、价格、服务、信誉等因素进行全面评估，选择性价比高、配合度好、风险较低的供应商进行合作，此过程往往比较复杂。

合同管理——与供应商签订采购合同，明确双方权利义务，包括采购内容、数量、价格、交货期、付款方式、售后服务、违约责任等核心条款，确保合同内容严谨、公平、合法。

合同结束——完成合同进行决算，包括解决所有未决的项目。主要涉及产品的鉴定、验收、资料归档。

十、干系人管理

会展项目干系人管理是指识别能影响项目或受项目影响的全部人员、群体和组织，分析干系人对项目的期望和影响，制定适合的管理策略来有效调动干系人参与项目决策和执行。与干系人保持持续沟通，以便了解干系人的需要和期望，管理利益冲突，解决实际发生问题。每个项目都有干系人，他们受项目的积极或消极影响，或者能对项目施加积极或消极的影响。包括 4 个子过程：

识别干系人——识别能影响项目或受项目影响的全部人员、群体和组织，以及识别项目决策、活动或结果影响的人、群体或组织，并分析记录他们的相关信息的过程。

规划干系人参与——基于对干系人需要、利益及对项目成功的潜在影响的分析，制定合适的管理策略，以有效调动干系人参与整个项目生命周期的过程。

管理干系人参与——在整个项目周期中，与干系人进行沟通和协作，以满足其需要与期望，解决实际出现的问题，并促进干系人合理参与项目活动的过程。

控制干系人参与——全面监督项目干系人之间的关系，调整策略和计划，以调动干系人参与的过程。

知识点 6　会展项目管理过程

为了便于对会展项目进行管理，通常把一个项目从开始到结束的全过程管理按照先后顺序划分为若干个过程。按照会展项目的特点，可以把周期分为五个过程：启动阶段，规划阶段，执行阶段，监控阶段，收尾阶段，如图 1–3 所示，旨在确保会展活动按照既定目标、预算、时间和质量要求顺利完成。

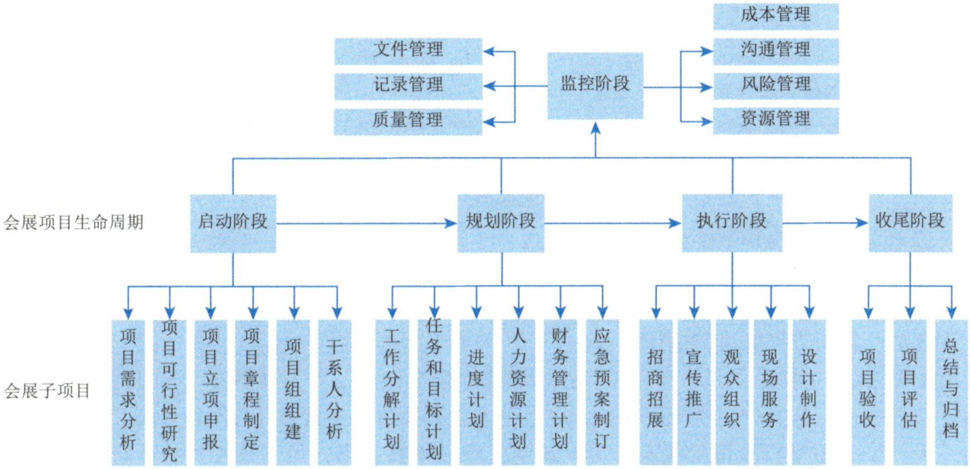

图 1–3　会展项目生命周期和会展子项目分解图

启动阶段——确认一个项目或者一个阶段应当开始并付诸行动。

规划阶段——为实现启动过程提出的目标制订计划。

执行阶段——为计划的实施所需要执行的各项工作和任务。

监控阶段——监控、评估项目的进程，并在必要的时候采取纠正措施，以确保启动阶段提出的目标得以实现。

收尾阶段——通过对项目或项目阶段成果的正式接受，让最后的收尾阶段有条不紊地结束。

其中，子项目也会经历启动、规划、执行、监控和收尾这五个基本的管理过程。这些过程并非独立的一次性事件，而是按一定的顺序发生，工作强度有所变化，并相互有重叠。

知识点 7　岗位职责权限和任职要求

每个企业的岗位设置、职责权限和任职要求都会根据企业自身的业务范围和特点、企业文化和人力等情况的不同而有所不同，下面的岗位相关信息仅供参考。

微课

会展相关岗位职责权限和任职要求

一、领导班子

● 总经理

职责权限	a）在公司股东会、董事会的领导下，制定、实施公司总体发展战略及年度经营目标，带领公司健康发展，领导公司各部门建立健全良好的沟通渠道，负责建设高效的组织团队； b）分管综合部、广告部、策划部、设计部工作，领导执行、实施公司的各项工作，对各部门各项工作的实施过程进行监控，发现问题及时纠正，确保组织实施公司工作的贯彻执行； c）主持公司日常经营工作：领导建立健全公司财务管理制度、人力资源管理制度，选拔中高层管理人员，审批重大人事决策，主持召开总经理办公会，对重大事项进行决策、代表公司参加重大业务项目活动，负责签署日常行政、业务文件，负责处理公司重大突发事件； d）主持、推动管理流程和规章制度，及时进行组织和流程的优化调整，领导营造企业文化氛围，塑造和强化公司价值观。
思想意识	a）认真遵守国家的法律、法规； b）认真工作，事业心强； c）作风踏实，克己奉公，具有亲和力。
能力	a）分析、判断能力：根据公司总的质量方针与目标，对公司的项目引进、业务开展做好分析、判断，做出适合的决策，能独立承担重大项目全过程的组织管理工作； b）开拓创新能力：具有全面扎实的业务理论基础，能研究和探索新的工作思路及方法，促进公司的发展； c）组织管理能力：能够组织好公司运行体系，持续改进运营效率，能够管理好团队人员，充分发挥他们的积极性； d）协调能力：能够协调处理项目中遇到的问题，形成方案、拟定方法，协调好与其他单位、部门的关系，创造企业良好的发展空间。

续表

知识水平	专业管理知识 a）熟悉国家的有关法律、法规，了解质量管理体系标准； b）熟悉公司的质量方针和目标，并能将其贯彻到各个与质量有关的部门。 相关知识 a）现代企业管理知识； b）公司广告、策划、会展等行业知识； c）简单财务知识。
学历经历健康	a）学历：具备大专以上学历； b）经历：从事企业管理工作 10 年以上； c）身体：健康，精力充沛。

● 副总经理

职责权限	a）配合总经理做好企业的各项内部管理、战略实施和业务发展工作； b）全面负责企业会展类对外联络工作，有效推进企业各业务板块尤其是会展业务板块的发展； c）分管会展部，指导和监督会展部各项工作的实施和开展； d）研究会展新业务领域的发展； e）做好总经理交办的其他工作。
思想意识	a）认真遵守国家的法律、法规； b）遵守职业道德，认真工作，有较强的事业心； c）与同事和睦相处，热心助人； d）作风踏实，克己奉公，具有亲和力； e）保守公司的机密，维护公司的利益。
能力	a）外联公关能力：能够扩大、维护好客户渠道和资源，协调公司与外部联络关系，为业务开展创造有利条件； b）分析决策能力：熟悉国内外会展市场的发展动态及相关法律法规，对行业信息进行有效分析评估，并依据相关分析情况进行及时有效的决策； c）沟通协调能力：能将各种信息充分、有效地进行传递、沟通、反馈，有效协调公司各项资源，协调理顺公司与外部、部门与部门、部门内部的各项关系，从而提高客户满意度； d）开拓创新能力：能够根据市场需求的不断变化，创新提升公司服务的专业水平，具有全面扎实的会展理论基础，能研究和探索新的会展工作思路及方法，推进公司会展业务的全面发展； e）组织管理能力：能够组织好公司运行体系，持续改进运营效率，协调管理团队，充分发挥团队积极性。

续表

知识水平	a）熟悉国家的有关法律、法规，了解质量管理体系标准； b）熟悉公司的质量方针和目标，并能将其贯彻到各个与质量有关的部门； c）熟悉会展、广告、策划行业服务的各项规范； d）精通会展项目策划、执行等实务操作。
学历经历健康	a）学历：具备大专以上学历； b）经历：从事企业管理工作 8 年以上； c）身体：健康，精力充沛。

- 行政总监

职责权限	a）全面统筹规划公司的人力资源战略，建立并完善人力资源管理体系，研究、设计适合公司发展的人力资源管理模式，制定和完善人力资源管理制度； b）掌握公司行政管理工作的运作情况，负责公司行政方面重要会议、重大活动的组织筹备，处理行政方面的重要函件，接待公司重要来访客人，塑造、维护、发展和传播企业文化； c）领导公司的财务管理、成本管理、预算管理、会计核算、会计监督、审计监察等方面工作，组织执行国家有关财经法律、法规、方针、政策和制度，保障公司合法经营，维护股东权益； d）参与公司重要经营活动等方面的决策和方案制定工作，参与重大经济合同或协议的研究、审查，参与重要经济问题的分析和决策； e）领导公司的后勤服务工作，协调公司各部门间的合作关系，组织协调一切内外部资源，为公司发展和运营创造良好的内部环境； f）代表公司与上级主管单位及外界有关部门机构联络，并保持良好合作关系； g）完成总经理临时交办的各项工作任务。
思想意识	a）认真遵守国家的法律、法规； b）遵守职业道德，认真工作，有较强的事业心； c）能上下沟通，与群众及同事和睦相处，热心助人； d）保守公司的机密，维护公司的利益； e）办事公平、公正。
能力	a）分析、判断能力：熟悉公司内部管理的办事规则，能认真贯彻执行公司董事会的各项决议； b）开拓创新能力：根据公司业务的不断发展，对公司的可持续发展提供建议； c）组织协调能力：有较强的人力资源管理工作能力，善于团结他人共同工作，能够组织协调好公司各部门间的关系，充分发挥他们的积极性。

续表

知识水平	a）熟悉公司内部管理的办事规则、公司的质量方针和目标，并能将其贯彻到各个与质量有关的部门； b）熟悉人力资源的有关理论知识和人力资源管理的规章制度； c）了解国家人事方面的方针政策和法规，熟悉劳动、工资管理的有关法规、制度； d）熟悉《公司法》《合同法》等现代企业管理常用的法律法规。
学历经历健康	a）学历：具备大专以上学历； b）经历：从事企业行政管理工作 8 年以上； c）身体：健康，精力充沛。

- **策划总监**

职责权限	a）配合总经理做好企业的各项内部管理、战略实施和业务发展工作； b）全面负责企业策划外联工作，有效推进企业各业务板块的发展； c）负责企业战略发展研究和制定，策划研究企业的新业务领域发展； d）负责联系分管策划部各项工作，指导策划业务的推进和实施； e）做好公司领导交办的其他工作。
思想意识	a）认真遵守国家的法律、法规； b）遵守职业道德，认真工作，有较强的事业心； c）与同事和睦相处，热心助人； d）作风踏实，克己奉公，具有亲和力； e）保守公司的机密，维护公司的利益。
能力	a）外联公关能力：能够扩大、维护好客户渠道和资源，协调公司与外部联络关系，为业务开展创造有利条件； b）分析决策能力：能够对市场供求信息、价格信息、客户信息等进行有效分析评估，并且依据相关分析情况进行及时有效的决策； c）沟通协调能力：能将各种信息充分、有效地进行传递、沟通、反馈，有效协调公司各项资源，协调理顺公司与外部、部门与部门、部门内部的各项关系，从而提高客户满意度； d）创新策划能力：能够根据市场需求的不断变化，创新提升公司服务的专业水平，具有全面扎实的策划理论基础，能研究和探索新的策划工作思路及方法，推进公司策划业务的全面发展； e）组织管理能力：能够组织好公司运行体系，持续改进运营效率，协调管理团队，充分发挥团队积极性。

续表

知识水平	a）熟悉国家的有关法律、法规，了解质量管理体系标准； b）熟悉公司的质量方针和目标，并能将其贯彻到各个与质量有关的部门； c）熟悉会展、广告、策划行业服务的各项规范； d）精通会展活动策划、空间展示策划、商业品牌策划等实务操作。
学历经历健康	a）学历：具备大专以上学历； b）经历：从事企业策划管理工作 8 年以上； c）身体：健康，精力充沛，年龄 50 周岁以下。

● 营销总监

职责权限	a）配合总经理做好企业的各项内部管理、战略实施和业务发展工作； b）定期对市场营销环境、目标、计划、业务活动进行核查分析，及时调整营销策略和计划，制订预防和纠正措施，确保完成营销目标和营销计划； c）负责重大营销合同的谈判与签订； d）负责联系分管广告部、策划部各项工作，指导营销业务的推进和实施； e）做好领导交办的各项工作。
思想意识	a）认真遵守国家的法律、法规； b）遵守职业道德，认真工作，有较强的事业心； c）与同事和睦相处，热心助人； d）作风踏实，克己奉公，具有亲和力； e）保守公司的机密，维护公司的利益。
能力	a）外联公关能力：能够扩大、维护好客户渠道和资源，协调公司与外部联络关系，为业务开展创造有利条件； b）分析决策能力：能够对市场供求信息、价格信息、客户信息等进行有效分析评估，并且依据相关分析情况进行及时有效的决策； c）沟通协调能力：能将各种信息充分、有效地进行传递、沟通、反馈，有效协调公司各项资源，协调理顺公司与外部、部门与部门、部门内部的各项关系，从而提高客户满意度； d）营销战略能力：能够根据市场需求的不断变化，精通市场调查与分析，制订公司近期、中期和长期营销战略计划，在公司所处的营销环境（内、外）发生重大变化时，及时组织相关部门制订应变对策； e）组织管理能力：能够组织好公司运行体系，持续改进运营效率，协调管理团队，充分发挥团队积极性。

续表

知识水平	a）熟悉国家的有关法律、法规，了解质量管理体系标准； b）熟悉公司的质量方针和目标，并能将其贯彻到各个与质量有关的部门； c）熟悉会展、广告、策划行业服务的各项规范； d）擅长营销组织建设和人力资源管理。
学历经历健康	a）学历：具备大专以上学历； b）经历：从事企业营销管理工作 8 年以上； c）身体：健康，精力充沛，年龄 50 周岁以下。

● 总经理助理

职责权限	a）配合总经理做好企业的各项内部管理、战略实施和业务发展工作； b）全面负责企业外联工作，有效推进企业各业务板块的发展； c）负责企业发展战略研究和制定； d）负责联系分管策划部各项工作，指导策划业务的推进和实施； e）做好公司领导交办的其他工作。
思想意识	a）遵守国家的法律、法规； b）遵守职业道德，认真工作，有较强的事业心； c）与同事和睦相处，热心助人； d）作风踏实，克己奉公，具有亲和力； e）保守公司的机密，维护公司的利益。
能力	a）外联公关能力：能够扩大、维护好客户渠道和资源，协调公司与外部联络关系，为业务开展创造有利条件； b）分析决策能力：能够对市场供求信息、价格信息、客户信息等进行有效分析评估，并且依据相关分析情况进行及时有效的决策； c）沟通协调能力：能将各种信息充分、有效地进行传递、沟通、反馈，有效协调公司各项资源，协调理顺公司与外部、部门与部门、部门内部的各项关系，从而提高客户满意度； d）组织管理能力：能够组织好公司运行体系，持续改进运营效率，协调管理团队，充分发挥团队积极性。
知识水平	a）熟悉国家的有关法律、法规，了解质量管理体系标准； b）熟悉公司的质量方针和目标，并能将其贯彻到各个与质量有关的部门； c）熟悉会展、广告、策划行业服务的各项规范。
学历经历健康	a）学历：具备大专以上学历； b）经历：从事企业管理工作 6 年以上； c）身体：健康，精力充沛。

二、综合部

● 综合部主任

职责权限	a）负责公司行政管理、档案管理、文件管理、合同管理、固定资产管理、仓库管理等工作，确保办公区域的正常运行，部门之间的沟通、联系和合作； b）在行政总监的领导下，负责公司人力资源管理，包括招聘、绩效、培训、薪酬、企业文化、员工发展等； c）负责公司党工团组织的制度建设，组织各成员开展政治理论方面的学习及文化娱乐活动的开展； d）完成领导交办的其他工作。
思想意识	a）认真遵守国家的法律、法规； b）遵守职业道德，认真工作，有较强的事业心； c）能上下沟通，与群众及同事和睦相处，热心助人； d）保守公司的机密，维护公司的利益； e）办事公平、公正。
能力	a）分析、判断能力：熟悉公司内部管理的办事规则，能认真贯彻执行公司有关行政管理、人力资源管理、档案管理、文件管理、固定资产管理等方面的规章制度； b）组织协调能力：有较强的人力资源管理工作能力，善于团结他人共同工作，能够组织协调好公司各部门间的关系，充分发挥他们的积极性。
知识水平	a）熟悉公司内部管理的办事规则、公司的质量方针和目标，并能将其贯彻到各个与质量有关的部门； b）熟悉公司各部门各岗位的职责、规范，能在实践中贯彻公司的各项质量标准； c）熟悉人力资源的有关理论知识和人事管理的规章制度； d）了解国家人事方面的方针政策和法规，熟悉劳动、工资管理的有关法规、制度； e）熟悉文案工作及办公自动化； f）熟悉《公司法》《合同法》等现代企业管理常用的法律法规。
学历经历健康	a）学历：具备大专以上学历； b）经历：从事企业管理工作 5 年以上； c）身体：健康，精力充沛。

● 财务经理

职责权限	a）认真贯彻、执行国家有关部门法律法规和财经纪律，严格执行财务会计制度，负责公司的日常财务管理和会计核算工作； b）负责公司年度财务预算的编制和执行情况分析，及时、准确编制财务会计报表、内部核算表、年终会计决算等，分析、核算公司财务状况和经营情况； c）负责公司有关财务、税务政策的协调及各项税收的申报、缴纳、年检并办理其他涉税事项； d）负责公司经营资金的筹措与调度安排，及时、准确地向决策者和有关人员提供真实、可靠的会计信息及公司运行情况； e）完成领导交办的其他工作。
思想意识	a）认真遵守国家的法律、法规； b）遵守职业道德，认真工作，有较强的事业心； c）能上下沟通，与群众及同事和睦相处，热心助人； d）保守公司的机密，维护公司的利益。
能力	a）分析、判断能力：根据公司中、长期经营计划，组织编制年度综合财务计划和控制标准； b）开拓创新能力：建立、健全财务管理体系，对财务部门的日常管理、年度预算、资金运作等进行总体控制。
知识水平	a）通晓国家财务法律法规，取得相应的从业资格或职称； b）熟悉对记账、复账、报账的处理流程； c）熟悉经济核算原则检查、财务状况的分析。
学历经历健康	a）学历：具备大专以上学历； b）经历：从事企业财务管理工作 5 年以上； c）身体：健康，精力充沛。

● 综合部副主任

职责权限	a）负责部门具体管理工作的实施、检查、督促、落实执行情况； b）负责企业内外文件的发放、登记、传递、催办、立卷、归档工作； c）负责召集公司办公会议，检查督促办公会议和公司领导布置的主要工作任务的贯彻落实情况； d）负责公司各部门间沟通、联络和协调工作； e）完成领导交办的其他工作。

续表

思想意识	a）认真遵守国家的法律、法规和企业规章制度； b）认真工作，有较强的事业心； c）作风踏实，克己奉公； d）能上下沟通，与群众及同事和睦相处，热心助人； e）办事公平、公正。
能力	a）分析、判断能力：熟悉公司内部管理的办事规则，能认真贯彻执行公司有关行政管理、人力资源管理、档案管理、文件管理、固定资产管理等方面的规章制度； b）开拓创新能力：根据公司业务拓展的不断变化，对改进综合部能力和质量做出决策和相关辅助帮助，促进公司的发展； c）组织管理能力：有较强的组织领导能力、良好的语言表达能力及敏锐的洞察力； d）协调能力：有较强的协调沟通能力、出色的人际交往和社会活动能力、良好的团队协作精神。
知识水平	a）熟悉国家的有关法律、法规，了解质量管理体系标准； b）熟悉公司的质量方针和目标，并能将其贯彻到各个与质量有关的部门； c）熟练掌握人力资源管理、档案管理、文件管理、固定资产管理等方面的知识； d）熟练掌握办公软件。
学历经历健康	a）学历：具备大专以上学历； b）经历：从事企业管理工作 4 年以上； c）身体：健康，精力充沛。

• 综合部主任助理

职责权限	a）配合综合部主任，做好公司人力资源管理、行政管理、档案管理、文件管理、合同管理、财务管理、固定资产管理等工作； b）做好企业内外文件的发放、登记、传递、催办、立卷、归档工作； c）做好公司股东会、董事会等会议记录，并保管记录和文件； d）完成领导交办的其他工作。
思想意识	a）认真遵守国家的法律、法规和企业规章制度； b）认真工作，有较强的事业心； c）作风踏实，克己奉公； d）能上下沟通，与群众及同事和睦相处，热心助人。

续表

能力	a）分析、判断能力：较强的独立工作能力、公关能力、计划和执行能力； b）开拓创新能力：根据公司业务拓展的不断变化，对改进综合部能力和质量做出决策和相关辅助帮助，促进公司的发展； c）组织管理能力：有较强的组织领导能力、良好的语言表达能力及敏锐的洞察力； d）协调能力：有较强的协调沟通能力、出色的人际交往和社会活动能力、良好的团队协作精神。
知识水平	a）熟悉国家的有关法律、法规，了解质量管理体系标准； b）熟悉公司的质量方针和目标，并能将其贯彻到各个与质量有关的部门； c）熟练掌握人力资源管理、档案管理、文件管理、固定资产管理等方面的知识； d）熟练掌握办公软件。
学历经历健康	a）学历：具备大专以上学历； b）经历：从事企业管理工作 3 年以上； c）身体：健康，精力充沛。

● 综合部员工

职责权限	a）配合部门领导，做好公司人力资源管理、行政管理、档案管理、文件管理、合同管理、固定资产管理、办公用品采购及领用管理等工作； b）负责公司各种文字材料的起草和信息资料收集，及时为公司领导提供与公司经营活动有关的政治、经济和商务信息； c）负责公司的日常行政管理工作，负责公司网络的维护、公司报刊的编撰等文化建设工作； d）完成领导交办的其他工作。
思想意识	a）认真遵守国家的法律、法规和企业规章制度； b）认真工作，有较强的事业心； c）作风踏实，克己奉公； d）与群众及同事和睦相处，热心助人。
能力	a）分析、判断能力：较强的独立工作能力、公关能力、计划和执行能力； b）组织管理能力：有较强的组织领导能力、良好的语言表达能力及敏锐的洞察力； c）协调能力：有较强的协调沟通能力、出色的人际交往和社会活动能力、良好的团队协作精神。

续表

知识水平	a）熟悉国家的有关法律、法规，了解质量管理体系标准； b）熟悉公司的质量方针和目标，并能将其贯彻到各个与质量有关的部门； c）熟悉行政事务管理方面的知识，能统筹合理安排后勤工作； d）具备日常行政管理成本控制意识； e）熟悉文书起草、对外公关礼仪等知识； f）具备较好的文字功底，熟悉办公软件应用； g）具备较好的学习能力、沟通能力和协调能力； h）熟练掌握人力资源管理、档案管理、文件管理、固定资产管理等方面的知识； i）熟练掌握办公软件，掌握计算机应用知识，熟悉网站、网页等信息公共平台建设等方面的知识。
学历经历健康	a）学历：具备大专以上学历； b）经历：从事企业行政工作 1 年以上； c）身体：健康，精力充沛。

- **驾驶员**

职责权限	a）努力钻研技术，熟练掌握所驾驶的车辆的结构与性能，节约燃料，降低消耗，提高行车效益； b）爱护车辆，执行车辆保养维修制度，发现故障及时报告； c）自觉服从部门领导或车辆调度的工作安排，完成领导交办的其他工作。
思想意识	a）认真遵守国家的法律、法规和企业规章制度； b）遵守车辆驾驶的各项规章制度和服务规范，认真工作。
能力	a）熟练掌握驾驶技术，反应灵敏，细心踏实； b）爱护车辆，维护公司车辆日常保养。
知识水平	
学历经历健康	a）经历：从事驾驶工作 5 年以上； b）身体：健康，精力充沛。

三、广告部

● 广告部经理

职责权限	a）负责广告部的各项工作，推进广告业务具体实施； b）负责制订部门年度计划和考核目标，报公司确认后组织具体实施，并做好部门月度计划完成情况考核； c）负责做好部门的各项业务收支管理； d）负责部门各类业务文书、合同等的确立和审核； e）做好公司领导交办的其他工作。
思想意识	a）遵守国家的法律、法规； b）遵守职业道德，认真工作，有较强的事业心； c）与同事和睦相处，热心助人； d）作风踏实，克己奉公，具有亲和力； e）保守公司的机密，维护公司的利益。
能力	a）外联公关能力：能够扩大、维护好客户渠道和资源，协调公司与外部联络关系，为业务开展创造有利条件； b）沟通协调能力：能将各种信息充分、有效地进行传递、沟通、反馈，有效协调部门各项资源，协调理顺公司与外部、部门与部门、部门内部的各项关系，从而提高客户满意度； c）组织管理能力：能够组织好部门运行体系，持续改进运营效率，协调管理团队，充分发挥团队积极性。
知识水平	a）熟悉国家的有关法律、法规，了解质量管理体系标准； b）熟悉公司的质量方针和目标，并能将其贯彻到各个与质量有关的部门岗位； c）熟悉广告行业服务的各项规范； d）熟悉广告行业实务操作。
学历经历健康	a）学历：具备大专以上学历； b）经历：从事广告行业管理工作 5 年以上； c）身体：健康，精力充沛。

● 广告部副经理

职责权限	a）负责广告项目具体项目实施，在部门人力资源统筹的基础上，做好项目组具体工作的分配和安排，并推进各项目的顺利实施； b）负责部门内部管理，合理配置安排人力资源，建立并实施部门绩效考核，做好人员日常管理和项目考核； c）负责部门间沟通、联络和协调工作； d）做好公司领导交办的其他工作。

续表

思想意识	a）遵守国家的法律、法规； b）遵守职业道德，认真工作，有较强的事业心； c）与同事和睦相处，热心助人； d）作风踏实，克己奉公，具有亲和力； e）保守公司的机密，维护公司的利益。
能力	a）外联公关能力：能够扩大、维护好客户渠道和资源，协调公司与外部联络关系，为业务开展创造有利条件； b）沟通协调能力：能将各种信息充分、有效地进行传递、沟通、反馈，有效协调部门各项资源，协调理顺公司与外部、部门与部门、部门内部的各项关系，从而提高客户满意度； c）组织管理能力：能够组织好部门运行体系，持续改进运营效率，协调管理团队，充分发挥团队积极性。
知识水平	a）熟悉国家的有关法律、法规，了解质量管理体系标准； b）熟悉公司的质量方针和目标，并能将其贯彻到各个与质量有关的部门岗位； c）熟悉广告行业服务的各项规范； d）熟悉广告行业实务操作。
学历经历健康	a）学历：具备大专以上学历； b）经历：从事广告行业管理工作 4 年以上； c）身体：健康，精力充沛。

● 广告部经理助理

职责权限	a）协助部门经理做好广告部的各项工作，具体负责广告管理业务； b）负责管理业务范围内的收支； c）负责业务范围内文书和合同的撰写； d）做好公司和部门领导交办的其他工作。
思想意识	a）遵守国家的法律、法规； b）遵守职业道德，认真工作，有较强的事业心； c）与同事和睦相处，热心助人； d）作风踏实，克己奉公，具有亲和力； e）保守公司的机密，维护公司的利益。
能力	a）分析沟通能力：能够对市场信息、价格信息、客户信息等进行有效分析评估，能够与客户进行有效的交流和沟通，了解需求信息，提报策划成果； b）执行管理能力：有效组织团队，做好空间展示、会展活动、商业品牌等策划执行工作。

续表

知识水平	a）熟悉国家的有关法律、法规，了解质量管理体系标准； b）熟悉公司的质量方针和目标； c）熟悉广告行业服务的各项规范； d）熟悉广告行业实务操作。
学历经历健康	a）学历：具备大专以上学历； b）经历：从事广告工作 3 年以上； c）身体：健康，精力充沛。

● 广告部客户经理

职责权限	a）按分工要求做好广告项目的招商工作，包括项目洽谈、项目分析、合同确立、合同执行等环节； b）负责业务范围内文书和合同的撰写； c）做好公司和部门领导交办的其他工作。
思想意识	a）遵守国家的法律、法规； b）遵守职业道德，认真工作，有较强的事业心； c）与同事和睦相处，热心助人； d）作风踏实，克己奉公，具有亲和力； e）保守公司的机密，维护公司的利益。
能力	a）能够对市场和客户进行有效分析，能够与客户进行有效的交流和沟通； b）了解需求信息，在执行过程中保持与客户的良好沟通。
知识水平	a）熟悉国家的有关法律、法规，了解质量管理体系标准； b）熟悉公司的质量方针和目标； c）熟悉广告业务各项规范。
学历经历健康	a）学历：具备大专以上学历； b）经历：从事广告业务工作 2 年以上； c）身体：健康，精力充沛。

● 广告部内勤

职责权限	a）按要求对部门的合同签订及执行过程进行管理，做好相关文件的存档，负责广告项目的收支统计； b）负责业务范围内文书和合同的撰写； c）做好公司和部门领导交办的其他工作。

续表

思想意识	a）遵守国家的法律、法规； b）遵守职业道德，认真工作，有较强的事业心； c）与同事和睦相处，热心助人； d）作风踏实，克己奉公，具有亲和力； e）保守公司的机密，维护公司的利益。
能力	a）分析沟通能力：能够与客户进行有效的交流和沟通，了解需求信息，在执行过程中保持与客户的良好沟通； b）文案能力：熟练掌握办公软件，具有较强的文案能力。
知识水平	a）熟悉国家的有关法律、法规，了解质量管理体系标准； b）熟悉公司的质量方针和目标； c）熟悉广告服务的各项规范； d）熟悉广告业务实务操作。
学历经历健康	a）学历：具备大专以上学历； b）身体：健康，精力充沛。

四、策划部

• 策划部经理

职责权限	a）负责策划部的各项工作，推进策划业务具体实施； b）负责制订部门年度计划和考核目标，报公司确认后组织具体实施，并做好部门月度计划完成情况考核； c）负责部门内部管理，合理配置安排人力资源，建立并实施部门绩效考核，做好人员日常管理和项目考核； d）负责做好部门的各项业务收支管理； e）负责部门各类业务文书、合同等确立和审核； f）做好公司领导交办的其他工作。
思想意识	a）遵守国家的法律、法规； b）遵守职业道德，认真工作，有较强的事业心； c）与同事和睦相处，热心助人； d）作风踏实，克己奉公，具有亲和力； e）保守公司的机密，维护公司的利益。

续表

能力	a）外联公关能力：能够扩大、维护好客户渠道和资源，协调公司与外部联络关系，为业务开展创造有利条件； b）分析策划能力：能够对市场供求信息、价格信息、客户信息等进行有效分析评估，具有全面扎实的策划理论基础，能研究和探索新的策划工作思路及方法，推进公司策划业务的全面发展； c）沟通协调能力：能将各种信息充分、有效地进行传递、沟通、反馈，有效协调部门各项资源，协调理顺公司与外部、部门与部门、部门内部的各项关系，从而提高客户满意度； d）组织管理能力：能够组织好部门运行体系，持续改进运营效率，协调管理团队，充分发挥团队积极性。
知识水平	a）熟悉国家的有关法律、法规，了解质量管理体系标准； b）熟悉公司的质量方针和目标，并能将其贯彻到各个与质量有关的部门岗位； c）熟悉会展、广告、策划行业服务的各项规范； d）熟悉会展活动策划、空间展示策划、商业品牌策划等实务操作。
学历经历健康	a）学历：具备大专以上学历； b）经历：从事企业策划管理工作 5 年以上； c）身体：健康，精力充沛，年龄 45 周岁以下。

● 策划部副经理

职责权限	a）做好策划部的各项管理工作，具体负责策划板块业务； b）负责策划板块项目具体项目实施，在部门人力资源统筹的基础上，做好项目组具体工作的分配和安排，并推进各项目的顺利实施； c）负责管理业务范围内的收支； d）负责业务范围内文书和合同的撰写； e）协调处理本部门策划板块内出现的各种问题，协调本部门同公司其他部门间的配合工作； f）做好公司和部门领导交办的其他工作。
思想意识	a）遵守国家的法律、法规； b）遵守职业道德，认真工作，有较强的事业心； c）与同事和睦相处，热心助人； d）作风踏实，克己奉公，具有亲和力； e）保守公司的机密，维护公司的利益。

续表

能力	a）外联公关能力：能够扩大、维护好客户渠道和资源，协调公司与外部联络关系，为业务开展创造有利条件； b）分析沟通能力：能够对市场信息、价格信息、客户信息等进行有效分析评估，能够与客户进行有效的交流和沟通，了解需求信息，提报策划成果； c）文案策划能力：熟练掌握专业策划知识，具有较强的策划能力，擅于文案写作； d）组织管理能力：能够组织好部门运行体系，持续改进运营效率，协调管理团队，充分发挥团队积极性。
知识水平	a）熟悉国家的有关法律、法规，了解质量管理体系标准； b）熟悉公司的质量方针和目标，并能将其贯彻到各个与质量有关的部门岗位； c）熟悉会展、广告、策划行业服务的各项规范； d）熟悉会展活动策划、空间展示策划、商业品牌策划等实务操作。
学历经历健康	a）学历：具备大专以上学历； b）经历：从事企业策划管理工作 4 年以上； c）身体：健康，精力充沛，年龄 35 周岁以下。

- **策划部经理助理**

职责权限	a）协助部门经理做好策划部的各项工作； b）负责策划板块项目具体项目实施，推进各项目的顺利实施； c）及时协调处理策划项目运行过程中出现的各种问题，组织相关部门做好沟通协调； d）做好公司和部门领导交办的其他工作。
思想意识	a）遵守国家的法律、法规； b）遵守职业道德，认真工作，有较强的事业心； c）与同事和睦相处，热心助人； d）作风踏实，克己奉公，具有亲和力； e）保守公司的机密，维护公司的利益。
能力	a）分析沟通能力：能够对市场信息、价格信息、客户信息等进行有效分析评估，能够与客户进行有效的交流和沟通，了解需求信息，提报策划成果； b）文案策划能力：熟练掌握专业策划知识，具有较强的策划能力，擅于文案写作； c）执行管理能力：有效组织团队，做好空间展示、会展活动、商业品牌等策划执行工作。

续表

知识水平	a）熟悉国家的有关法律、法规，了解质量管理体系标准； b）熟悉公司的质量方针和目标； c）熟悉会展、广告、策划行业服务的各项规范； d）熟悉会展活动策划、空间展示策划、商业品牌策划等实务操作。
学历经历健康	a）学历：具备大专以上学历； b）经历：从事会展广告策划工作 3 年以上； c）身体：健康，精力充沛，年龄 35 周岁以下。

● 策划部策划主管

职责权限	a）按分工要求实施策划板块各项业务工作，并具体担任项目负责人； b）负责管理项目的收支； c）负责业务范围内文书和合同的撰写； d）做好公司和部门领导交办的其他工作。
思想意识	a）遵守国家的法律、法规； b）遵守职业道德，认真工作，有较强的事业心； c）与同事和睦相处，热心助人； d）作风踏实，克己奉公，具有亲和力； e）保守公司的机密，维护公司的利益。
能力	a）分析沟通能力：能够对市场和客户进行有效分析，能够与客户进行有效的交流和沟通，了解需求信息，在执行过程中保持与客户的良好沟通； b）文案策划能力：熟练掌握专业策划知识，具有较强的策划能力，擅于文案写作； c）执行管理能力：有效组织团队，做好空间展示、会展活动、商业品牌等策划执行工作。
知识水平	a）熟悉国家的有关法律、法规，了解质量管理体系标准； b）熟悉公司的质量方针和目标； c）熟悉会展、广告、策划行业服务的各项规范； d）熟悉会展活动策划、空间展示策划、商业品牌策划等实务操作。
学历经历健康	a）学历：具备大专以上学历； b）经历：从事会展广告策划工作 2 年以上； c）身体：健康，精力充沛，年龄 35 周岁以下。

● 策划部策划执行

职责权限	a）按分工要求做好各类空间展示项目的策划和执行工作，包括项目洽谈、资料收集、项目分析、方案撰写与设计、预算编制与合同确立、现场实施、项目总结等环节； b）按分工要求做好各类社会公关活动的策划和执行工作，包括项目洽谈、资料收集、项目分析、方案撰写与设计、预算编制与合同确立、现场实施、项目总结等环节； c）按分工要求做好公司各类会展节庆活动及其他项目的方案策划工作，包括资料收集、项目分析、方案撰写与设计、跟踪实施等环节； d）负责业务范围内文书和合同的撰写； e）做好公司和部门领导交办的其他工作。
思想意识	a）遵守国家的法律、法规； b）遵守职业道德，认真工作，有较强的事业心； c）与同事和睦相处，热心助人； d）作风踏实，克己奉公，具有亲和力； e）保守公司的机密，维护公司的利益。
能力	a）分析沟通能力：能够进行有效的市场和客户分析，能够与客户进行有效的交流和沟通，了解需求信息，在执行过程中保持与客户的良好沟通； b）文案策划能力：熟练掌握专业策划知识，具有较强的策划能力，擅于文案写作； c）执行能力：能够独立开展空间展示、会展活动、商业品牌等策划执行工作。
知识水平	a）熟悉国家的有关法律、法规，了解质量管理体系标准； b）熟悉公司的质量方针和目标； c）熟悉会展、广告、策划行业服务的各项规范； d）熟悉会展活动策划、空间展示策划、商业品牌策划等实务操作。
学历经历健康	a）学历：具备大专以上学历； b）身体：健康，精力充沛，年龄 35 周岁以下。

五、设计部

• 设计总监

职责权限	a）做好设计部的各项管理工作，具体负责设计板块业务； b）负责在部门人力资源统筹的基础上，做好项目组具体工作的分配和安排，并推进各项目的顺利实施； c）负责管理业务范围内的收支； d）负责业务范围内文书和合同的撰写； e）协调处理本部门设计板块内出现的各种问题，协调本部门同公司其他部门间的配合工作； f）做好公司和部门领导交办的其他工作。
思想意识	a）遵守国家的法律、法规； b）遵守职业道德，认真工作，有较强的事业心； c）与同事和睦相处，热心助人； d）作风踏实，克己奉公，具有亲和力； e）保守公司的机密，维护公司的利益。
能力	a）分析沟通能力：能够对市场信息、价格信息、客户信息等进行有效分析评估，能够与客户进行有效的交流和沟通，了解需求信息，提报设计成果； b）设计能力：熟练掌握专业设计知识，具有较强的设计能力，擅于平面（空间）设计； c）组织管理能力：能够组织好部门运行体系，持续改进运营效率，协调管理团队，充分发挥团队积极性。
知识水平	a）熟悉国家的有关法律、法规，了解质量管理体系标准； b）熟悉公司的质量方针和目标； c）熟悉会展、广告、策划行业服务的各项规范； d）熟悉平面（空间）设计等实务操作。
学历经历健康	a）学历：具备大专以上学历； b）经历：从事会展广告设计工作 4 年以上； c）身体：健康，精力充沛，年龄 35 周岁以下。

• 总监助理

职责权限	a）协助部门经理做好策划部的各项工作； b）负责设计板块具体工作实施，推进各项目的顺利完成； c）及时协调处理设计项目运行过程中出现的各种问题，组织相关部门做好沟通协调； d）做好公司和部门领导交办的其他工作。

续表

思想意识	a）遵守国家的法律、法规； b）遵守职业道德，认真工作，有较强的事业心； c）与同事和睦相处，热心助人； d）作风踏实，克己奉公，具有亲和力； e）保守公司的机密，维护公司的利益。
能力	a）分析沟通能力：能够对市场信息、价格信息、客户信息等进行有效分析评估，能够与客户进行有效的交流和沟通，了解需求信息，提报设计成果； b）设计能力：熟练掌握专业设计知识，具有较强的设计能力，擅于平面（空间）设计； c）执行管理能力：有效组织团队，做好各类设计工作。
知识水平	a）熟悉国家的有关法律、法规，了解质量管理体系标准； b）熟悉公司的质量方针和目标； c）熟悉会展、广告、策划行业服务的各项规范； d）熟悉平面（空间）设计等实务操作。
学历经历健康	a）学历：具备大专以上学历； b）经历：从事会展广告设计工作 3 年以上； c）身体：健康，精力充沛，年龄 35 周岁以下。

• 设计主管

职责权限	a）按分工要求实施设计板块各项设计工作，并具体担任项目设计负责人； b）负责管理项目的收支； c）负责业务范围内文书和合同的撰写； d）做好公司和部门领导交办的其他工作。
思想意识	a）遵守国家的法律、法规； b）遵守职业道德，认真工作，有较强的事业心； c）与同事和睦相处，热心助人； d）作风踏实，克己奉公，具有亲和力； e）保守公司的机密，维护公司的利益。
能力	a）分析沟通能力：能够对客户需求进行有效分析，能够与客户进行有效的交流和沟通； b）设计能力：熟练掌握专业设计知识，具有较强的设计能力，擅于平面（空间）设计； c）执行管理能力：有效组织团队，做好各类设计工作。

续表

知识水平	a）熟悉国家的有关法律、法规，了解质量管理体系标准； b）熟悉公司的质量方针和目标； c）熟悉会展、广告、策划行业服务的各项规范； d）熟悉平面（空间）设计等实务操作。
学历经历健康	a）学历：具备艺术设计类专科以上学历； b）经历：从事会展广告设计工作 2 年以上； c）身体：健康，精力充沛，年龄 35 周岁以下。

- **设计师（含空间设计师和平面设计师）**

职责权限	a）按分工要求做好各类平面（空间）设计工作； b）做好公司和部门领导交办的其他工作。
思想意识	a）遵守国家的法律、法规； b）遵守职业道德，认真工作，有较强的事业心； c）与同事和睦相处，热心助人； d）作风踏实，克己奉公，具有亲和力； e）保守公司的机密，维护公司的利益。
能力	a）分析沟通能力：能够对客户需求进行有效分析，能够与客户进行有效的交流和沟通； b）设计能力：熟练掌握专业设计知识，具有较强的设计能力，擅于平面（空间）设计。
知识水平	a）熟悉国家的有关法律、法规，了解质量管理体系标准； b）熟悉公司的质量方针和目标； c）熟悉会展、广告、策划行业服务的各项规范； d）熟悉平面（空间）设计等实务操作。
学历经历健康	a）学历：具备艺术设计类专科以上学历； b）身体：健康，精力充沛，年龄 35 周岁以下。

六、会展部

• 会展部经理

职责权限	a）负责会展部的各项工作，推进会展业务具体实施； b）负责制订部门年度计划和考核目标，报公司确认后组织具体实施，并做好部门月度计划完成情况考核； c）负责做好部门的各项业务收支管理； d）负责部门各类业务文书、合同等的确立和审核； e）负责部门间沟通、联络和协调工作； f）做好领导交办的其他工作。
思想意识	a）遵守国家的法律、法规； b）遵守职业道德，认真工作，有较强的事业心； c）与同事和睦相处，热心助人； d）作风踏实，克己奉公，具有亲和力； e）保守公司的机密，维护公司的利益。
能力	a）外联公关能力：能够扩大、维护好客户渠道和资源，协调公司与外部联络关系，为业务开展创造有利条件； b）分析决策能力：熟悉国内外会展市场的发展动态及相关法律法规，对行业信息进行有效分析评估，并依据相关分析情况进行及时有效的决策； c）开拓创新能力：具有全面扎实的会展管理理论基础，能研究和探索新的会展工作思路及方法，推进公司会展业务的全面发展； d）沟通协调能力：能将各种信息充分、有效地进行传递、沟通、反馈，有效协调部门各项资源，协调理顺公司与外部、部门与部门、部门内部的各项关系，从而提高客户满意度； e）组织管理能力：能够组织好部门运行体系，持续改进运营效率，协调管理团队，充分发挥团队积极性。
知识水平	a）熟悉国家的有关法律、法规，了解质量管理体系标准； b）熟悉公司的质量方针和目标，并能将其贯彻到各个与质量有关的部门岗位； c）熟悉会展、广告、策划行业服务的各项规范； d）熟悉会展活动策划、执行等实务操作。
学历经历健康	a）学历：具备大专以上学历； b）经历：从事会展管理工作 5 年以上； c）身体：健康，精力充沛。

● 会展部副经理

职责权限	a）负责会展部的各项管理工作，推进会展业务具体实施； b）协助部门经理在公司人力资源统筹的基础上做好部门人力资源的管理，落实日常管理和考核等工作； c）配合部门经理做好部门各项业务的收支管理工作； d）协助部门经理做好与公司其他部门之间的沟通和协调工作； e）做好领导交办的其他工作。
思想意识	a）遵守国家的法律、法规； b）遵守职业道德，认真工作，有较强的事业心； c）与同事和睦相处，热心助人； d）作风踏实，克己奉公，具有亲和力； e）保守公司的机密，维护公司的利益。
能力	a）外联公关能力：能够扩大、维护好客户渠道和资源，协调公司与外部联络关系，为业务开展创造有利条件； b）沟通协调能力：熟悉国内外会展市场的发展动态及相关法律法规，能将各种信息充分、有效地进行传递、沟通、反馈，协调部门内部的各项关系，从而提高客户满意度； c）开拓创新能力：具有全面扎实的会展管理理论基础，能研究和探索新的会展工作思路及方法，推进公司会展业务的全面发展； d）组织管理能力：能够组织好部门运行体系，持续改进运营效率，协调管理团队，充分发挥团队积极性。
知识水平	a）熟悉国家的有关法律、法规，了解质量管理体系标准； b）熟悉公司的质量方针和目标； c）熟悉会展、广告、策划行业服务的各项规范； d）熟悉会展项目策划、执行等实务操作。
学历经历健康	a）学历：具备大专以上学历； b）经历：从事会展管理执行工作 4 年以上； c）身体：健康，精力充沛，年龄 35 周岁以下。

● 会展部经理助理

职责权限	a）协助部门经理做好会展部的各项业务的开展； b）协助部门经理做好会展部的内部管理工作； c）协助部门经理做好部门各类业务文书、合同等的确立和审核； d）做好领导交办的其他工作。

续表

思想意识	a）遵守国家的法律、法规； b）遵守职业道德，认真工作，有较强的事业心； c）与同事和睦相处，热心助人； d）作风踏实，克己奉公，具有亲和力； e）保守公司的机密，维护公司的利益。
能力	a）沟通协调能力：熟悉国内外会展市场的发展动态及相关法律法规，能将各种信息充分、有效地进行传递、沟通、反馈，协调部门内部的各项关系，从而提高客户满意度； b）开拓创新能力：具有全面扎实的会展管理理论基础，能研究和探索新的会展工作思路及方法，推进公司会展业务的全面发展； c）组织管理能力：能够组织好部门运行体系，持续改进运营效率，协调管理团队，充分发挥团队积极性。
知识水平	a）熟悉国家的有关法律、法规，了解质量管理体系标准； b）熟悉公司的质量方针和目标； c）熟悉会展、广告、策划行业服务的各项规范； d）熟悉会展项目策划、执行等实务操作。
学历经历健康	a）学历：具备大专以上学历； b）经历：从事会展管理执行工作 3 年以上； c）身体：健康，精力充沛，年龄 35 周岁以下。

- 会展部项目经理

职责权限	a）负责会展部具体项目实施； b）在部门人力资源统筹的基础上，做好项目组具体工作的分配和安排，并推进项目的顺利实施； c）负责项目的策划、文案、文书及合同等的撰写； d）负责制订项目的招商计划等，实施招商招展工作； e）负责制订项目的宣传推广计划等，推进项目的对外宣传； f）负责制订项目的预算方案，管理业务范围内的收支； g）做好领导交办的其他工作。
思想意识	a）遵守国家的法律、法规； b）遵守职业道德，认真工作，有较强的事业心； c）与同事和睦相处，热心助人； d）作风踏实，克己奉公，具有亲和力； e）保守公司的机密，维护公司的利益。

续表

能力	a）协调沟通能力：能够对市场和客户进行有效分析，能够与客户进行有效的交流和沟通，了解需求信息，在执行过程中保持与客户的良好沟通； b）开拓创新能力：具有全面扎实的会展管理理论基础，能研究和探索新的会展工作思路及方法，推进会展业务的全面发展； c）执行管理能力：具有较强的工作能力和公关能力，能有效组织团队，做好会展策划执行工作。
知识水平	a）熟悉国家的有关法律、法规，了解质量管理体系标准； b）熟悉公司的质量方针和目标； c）熟悉会展、广告、策划行业服务的各项规范； d）熟悉会展项目的策划、执行等实务操作。
学历经历健康	a）学历：具备大专以上学历； b）经历：从事会展项目执行工作 2 年以上； c）身体：健康，精力充沛，年龄 35 周岁以下。

- 会展部主管

职责权限	a）按不同的分工主管不同的业务工作，包括招商主管、宣传主管、活动主管、后勤主管等； b）协助项目经理做好项目工作的实施与组织，严格按会展项目执行管理规格操作； c）负责业务范围内文书和合同的撰写； d）做好公司和部门领导交办的其他工作。
思想意识	a）遵守国家的法律、法规； b）遵守职业道德，认真工作，有较强的事业心； c）与同事和睦相处，热心助人； d）作风踏实，克己奉公，具有亲和力； e）保守公司的机密，维护公司的利益。
能力	a）协调沟通能力：能够对市场和客户进行有效分析，能够与客户进行有效的交流和沟通，了解需求信息，在执行过程中保持与客户的良好沟通； b）开拓创新能力：具有全面扎实的会展管理理论基础，能研究和探索新的会展工作思路及方法，推进会展业务的全面发展； c）执行管理能力：具有较强的工作能力和公关能力，能有效组织团队，做好会展策划执行工作。

续表

知识水平	a）熟悉国家的有关法律、法规，了解质量管理体系标准； b）熟悉公司的质量方针和目标； c）熟悉会展、广告、策划行业服务的各项规范； d）熟悉会展项目的策划、执行等实务操作。
学历经历健康	a）学历：具备大专以上学历； b）经历：从事会展项目执行工作 1 年以上； c）身体：健康，精力充沛，年龄 35 周岁以下。

- 会展部员工

职责权限	a）按分工要求做好各类会展项目的策划和执行工作，包括项目调研、项目外围工作、项目策划、立项申报、招商招展、观众组织、宣传推广、预算编制与合同确立、会场管理（运营）、资料归档、客户维护、项目总结等环节； b）做好领导交办的其他工作。
思想意识	a）遵守国家的法律、法规； b）遵守职业道德，认真工作，有较强的事业心； c）与同事和睦相处，热心助人； d）作风踏实，克己奉公，具有亲和力； e）保守公司的机密，维护公司的利益。
能力	a）沟通协调能力：能够进行有效的市场和客户分析，能够与客户进行有效的交流和沟通，了解需求信息，在执行过程中保持与客户的良好沟通； b）开拓创新能力：具有全面扎实的会展管理理论基础，能研究和探索新的会展工作思路及方法，推进会展业务的全面发展； c）会展执行能力：具有较强的工作能力和公关能力，能够独立开展会展项目的各类执行工作。
知识水平	a）熟悉国家的有关法律、法规，了解质量管理体系标准； b）熟悉公司的质量方针和目标； c）熟悉会展、广告、策划行业服务的各项规范； d）熟悉会展项目策划、执行等实务操作。
学历经历健康	a）学历：具备专科以上学历； b）身体：健康，精力充沛，年龄 35 周岁以下。

七、内审员

职责权限	a）体系审核：做好公司 ISO 9001 质量管理体系年度内审工作，负责组织实施职能部门的体系审核工作，编制审核检查表和审核报告，并验证问题及整改效果； b）管理评审：协助部门经理完成年度管理评审工作，识别重要的管理改进点作为管理评审的输入，不断完善基础管理体系； c）迎接外审：组织落实部门内部的审核准备工作并接受审核； d）改进项目的策划、实施或参与：作为公司或部门内部质量改进项目的负责人或主要成员，识别改进需求，策划组织实施，固化改进成果； e）质量管理体系维护：负责公司内部体系的运行监督、改进、优化，进行体系自查、文件管理等。
岗位要求	a）有 ISO 9001 质量管理体系内审员证书，熟悉质量管理体系标准； b）参与过内部质量管理体系审核、管理评审，了解相关流程和要求； c）熟悉公司内部管理的办事规则、公司的质量方针和目标，并能将其贯彻到各个与质量有关的部门； d）具有良好的沟通协调、人际关系处理、问题解决、分析和文字书写能力。

总结与反思

1. 会展项目有哪些特征，不同会展项目有哪些类型？
2. 一个完整的会展项目管理包括哪些内容？
3. 不同会展项目类型在会展项目管理要素中有什么差异？

先导二

会展项目管理实训设计

思维导图

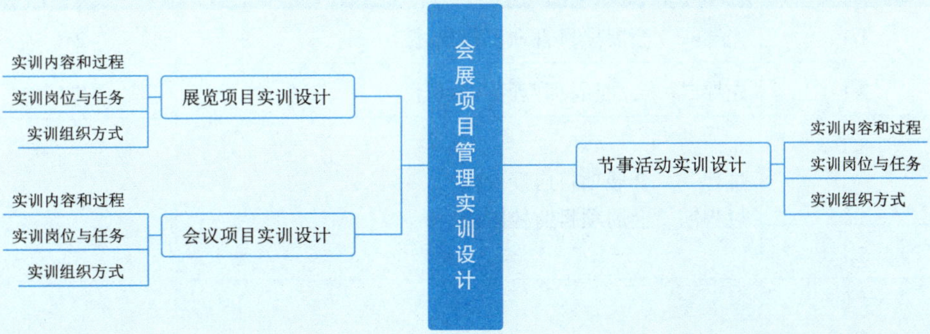

学习目标

通过本项目的学习，学生应该能够达到的知识、能力、素质目标如下：

1. 通过实训，使学生消化课堂所学知识，熟悉会展项目管理的方法、流程等，积累相关工作经验，提高专业悟性和自我管理能力；

2. 培养学生具有良好的审美和人文素养，具有明确的社会责任感、较强的集体意识和团队合作精神；

3. 培养会展项目各个岗位的胜任能力，具备爱岗敬业、精益求精、吃苦耐劳、勇于挑战、勇于创新等综合职业素养；

4. 培养学生讲究工作效率、注重工作质量的习惯，具有环保意识、安全意识，更好更快地适应社会工作环境的能力。

授课进度计划

<table>
<tr><th>周 / 次</th><th>授课内容</th><th>建议课时</th></tr>
<tr><td>1/1</td><td>先导一　会展项目管理工作描述</td><td>2</td></tr>
<tr><td>2/1</td><td>先导二　会展项目管理实训设计</td><td>2</td></tr>
<tr><td>3/1</td><td rowspan="3">过程一　会展项目启动阶段
过程四　会展项目监控阶段</td><td rowspan="3">6</td></tr>
<tr><td>4/1</td></tr>
<tr><td>5/1</td></tr>
<tr><td>6/1</td><td rowspan="4">过程二　会展项目规划阶段
过程四　会展项目监控阶段</td><td rowspan="4">8</td></tr>
<tr><td>7/1</td></tr>
<tr><td>8/1</td></tr>
<tr><td>9/1</td></tr>
</table>

续表

周 / 次	授课内容	建议课时
10/1	过程三　会展项目执行阶段 过程四　会展项目监控阶段	10
11/1		
12/1		
13/1		
14/1		
15/1	综合实训周	25
16/1	过程四　会展项目监控阶段 过程五　会展项目收尾阶段	4
17/1		

场景设计

可自行进行校内综合实训的内容和过程、岗位和任务、组织和职能的设计，也可参照以下三种常见的会展项目场景开展实训。

场景 1　展览项目实训设计

一、实训内容和过程

微课

展览项目实训设计

根据学校的实际情况和区域产业优势，可组织开展“校园文化展”（或校园非遗展、校园文化创意博览会、乡村农特产品展等），展览会面向全校师生开放，可选择本校内部开展，也可以扩展到周边或其他院校甚至推广到社会。

展览项目要求活动内容丰富，有一定的吸引力，能够体现校园文化的多元性与创新精神，能有效地组织和服务参展商和观众，客商满意度高（为进行更具针对性的训练，本实训中的展览只涉及商业性的展览项目）。

展览项目的实训内容涵盖从启动到后期收尾的全过程，具体运作可包括但不限于以下流程，如图 2–1 所示。

图 2–1　展览项目运作流程

● 过程一 展会立项与策划

确定目标与主题：明确展览会的举办目的、主题和定位，以及预期的经济效益和社会效益。

市场调研与分析：研究行业趋势、同类展会、潜在参展商和观众需求，评估展会的可行性和市场潜力。

制订策划方案：包括展会规模、时间、地点、预算、组织架构、招展策略、宣传推广计划、赞助合作方案、配套活动等。

● 过程二 筹备与规划

场地选择与预订：根据展会规模、目标市场等因素选定合适的展览场地，完成场地申报手续或签订租赁协议，并确定展期。

展位规划与设计：制订展区展位布局图，考虑通道宽度、人流导向、功能区域划分。与设计团队合作，确定展台搭建标准、风格指南及配套设施要求。

预算细化与财务管理：编制详细预算，涵盖场地租金、搭建费、宣传费、物料费、广告印刷费等，并建立财务管理制度以监控支出和收入。

● 过程三 招商招展

参展商招募：通过定向邀请、公开招展、线上线下推广等方式吸引符合主题的参展商报名参展，签订参展合同，收取展位费。

观众组织：制订观众邀约计划，通过广告、社交媒体、行业媒体、合作伙伴网络、直邮、电话营销、地推等方式吸引专业观众和公众注册参观。

● 过程四 设计制作及宣传推广

设计制作：拟定展览会宣传物料设计、展位展台设计清单，设计展览会宣传物料、展位展台设计平面图及效果图表现，并核验现场物料，协助展览现场环境布置。

宣传推广：制订宣传推广总体方案，完成相关宣传文案及新闻稿，开展并运营线上新媒体平台，策划并开展多渠道多形式的线下宣传活动。

● 过程五 现场布置与搭建

场地布置：按照设计方案进行场地布置、标识系统布置、公共设施布置。

展台搭建：监督第三方服务商或项目团队按照规定时间、标准进行舞台区等公共区域、标准展位搭建，确保安全、合规、美观。

展位布置：监督参展商按照规定时间、标准进行展位布置，确保安全、合规、美观。

技术设备调试：检查音响、照明、多媒体设备、网络等技术设施的运行情况，确保展会期间正常使用。

- 过程六 开幕式与活动组织

开幕式策划：设计开幕式流程，包括嘉宾致辞、剪彩、仪式、表演等环节，邀请重要嘉宾出席。

同期活动执行：落实研讨会、发布会、颁奖典礼、商务配对、体验活动、赛事等活动的细节，确保顺利进行。

- 过程七 展会运营与服务

现场管理：维持现场秩序，处理突发事件，协调各方关系（参展商、观众、场地方、服务商等），确保展会顺畅运行。

客户服务：提供参展商服务（如展商报到、证件发放、现场咨询等）、观众服务（如注册、导览、信息查询、活动参与等）、媒体服务（如新闻发布、采访安排等）。

安全保障：实施消防安全、治安维护、应急预案等措施，确保人员和财产安全。

- 过程八 后期跟进与总结

数据统计与分析：收集参展商满意度调查、观众流量统计、交易成果等相关数据，进行分析评估。

媒体公关与报道：发布展会亮点、成果新闻，扩大展会影响力。

财务结算与审计：完成收支决算，进行财务审计。

经验总结与改进：复盘展会过程中的问题与成功经验，为未来展会提供参考。

二、实训岗位与任务

根据展览项目实训内容和过程，按照会展项目管理流程可设计但不限于以下六个实训岗位，如表 2–1 所示。

表 2-1 展览项目实训岗位及任务示例表

序号	实训岗位	工作任务	周期
1	项目策划	展览会策划 开幕式策划 配套活动策划 执行工作方案制订 应急预案制订	4 周
2	招商招展	招商招展方案拟定 参展商开拓 赞助商开拓 观众邀约与组织	6 周
3	设计制作	宣传物料设计与制作 展位展台设计与制作	4 周
4	宣传推广	宣传推广方案拟定 宣传文案撰写 线上平台运营 线下宣传推广	4 周
5	现场执行	布展管理 现场管理 撤展管理	1 周
6	工程保障	活动场地报批 设施设备租借 工程物料采购 现场安全管理 财务管理	2 周

备注：实训时间总共 16~18 周（按实际教学周设计），以上各实训岗位的工作任务与周期可能存在交叉，具体可根据项目规模、复杂程度及学校实际条件进行调整

三、实训组织方式

为营造真实的企业项目氛围，确保实训组织严格按照业内常规的项目运营模式进行，实训可结合校内实际，对实训组织结构、各部门职能职责进行设定，学生按照工作流程和组织阶段任务进行职能分组，根据展览项目要求自主

组织实施展览会，实训指导老师起组织、指导、监督和评估作用。

● 实训组织架构

展览项目组织架构可分为但不限于总务部、策划部、营销部、设计部、运营部五个部门，总务部分设项目经理和项目副经理，其下各部门和工作组分设部长和组长，如图 2–2 所示。

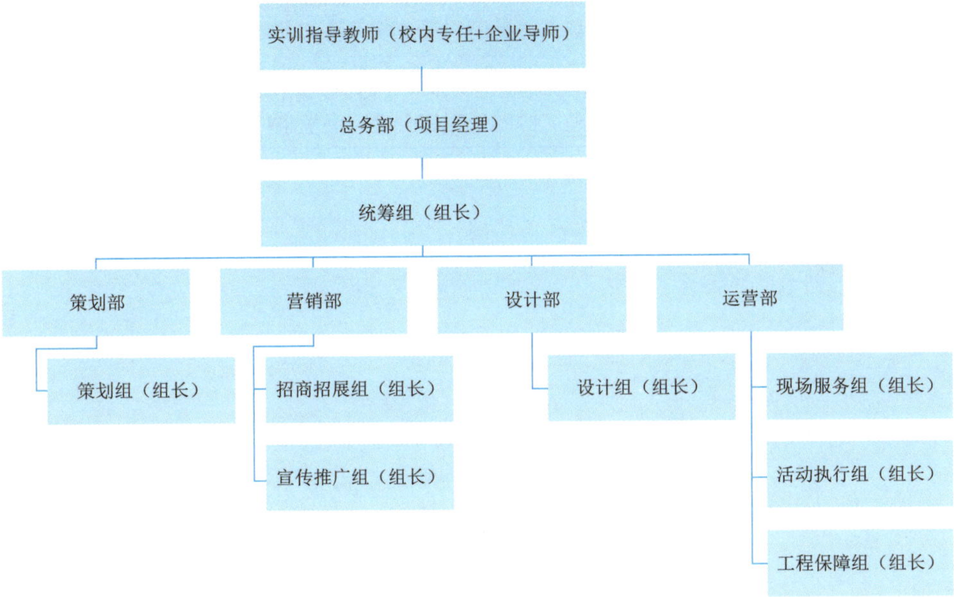

图 2–2 展览项目实训组织架构

● 部门业务职能（见表 2–2）

表 2–2 展览项目各部门业务职能介绍示例

部门 / 工作组		职能
总务部	项目经理 各板块负责人	人员分工和协调；把握展会组织工作的整体进度；处理展会期间突发事件；展览总收入及部门费用核算和支出
策划部	策划组	行业和市场信息收集、整理和分析；展会项目和相关执行方案设计和策划；组织和落实开幕式和展期其他活动
营销部	招商招展组	开发和联络潜在参展商和专业观众，确保其参展和到场；展会现场展商对接和服务
	宣传推广组	负责宣传文案和联络媒体宣传，运营新媒体平台
设计部	设计组	负责宣传物料设计、展位展台设计

续表

部门 / 工作组		职能
运营部	现场服务组	负责展区和展位的搭建和布置；开幕式和展期活动场地的搭建和布置；展览场地及设施的安全管理和维护；撤展
	活动执行组	邀请和接待开幕式和展期活动嘉宾；组织和接待参展商和观众入场；协助组织和落实开幕式和展期其他活动
	工程保障组	确定展览服务供应商；负责场地申报、展具租赁、采购、财务管理、协助处理展会期间突发事件等

场景 2　会议项目实训设计

一、实训内容和过程

微课

会议项目实训设计

根据学校的实际情况，可组织开展“校园文化发展论坛”（或文旅融合与国潮创新大会、旅游赋能乡村振兴青年论坛、文化遗产保护青年论坛等），会议面向全校师生开放，也可以扩展到周边或其他院校甚至推广到社会。

会议项目要求围绕特定行业、议题展开，内容具有专业性和针对性，组织形式多样，旨在满足参会者在特定领域深化认知、获取新知、交流观点、解决问题的需求。为了使实训项目更具操作性，本实训所指的“会议”选择按照会议举办的内容划分的会议类型进行。

会议项目的实训内容涵盖了从会议启动、规划到会后收尾的全过程，具体运作可包括但不限于以下流程，如图 2–3 所示。

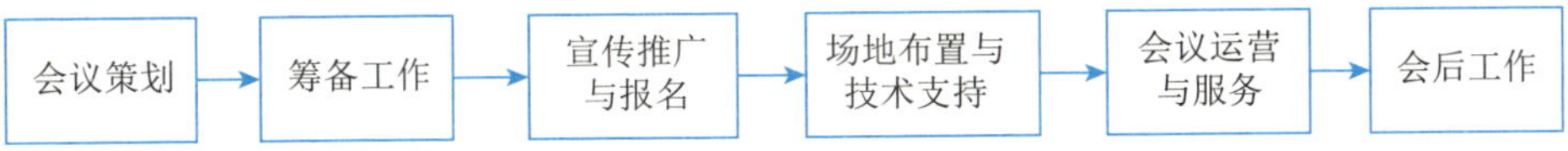

图 2–3　会议项目运作流程

● 过程一 会议策划

确定会议目标与主题：明确会议目的、主题及核心议题，确保与组织战略目标一致。

市场调研与需求分析：了解参会者期望、行业趋势、同类活动，为会议定位和内容设计提供依据。

制订会议方案：包括会议规模、时间、地点、预算、议程安排、参会人员构成、嘉宾邀请、赞助与合作机会等。

● 过程二 筹备工作

场地选择与预订：根据会议规模、性质和预算，选择并预订合适的会议场地，包括会议室、住宿、餐饮、交通等设施。

会议日程与议程设计：详细规划会议各阶段的时间分配，确定主论坛、分论坛、研讨会、工作坊、社交活动等具体议程，确保内容丰富且逻辑清晰。

嘉宾邀请与确认：制定嘉宾名单，发送邀请函，跟踪回复情况，与嘉宾沟通演讲主题、时间安排等细节，确保其顺利参会。

会议VI设计：拟定会议宣传物料设计清单，设计会议徽标、主题海报、会议手册、会议邀请函、参会证件、展板、导示系统、社交媒体素材、包装与标签等，确保所有视觉元素在颜色、字体、图形等方面保持一致，塑造会议的统一、专业且具有辨识度的形象。

- 过程三 宣传推广与报名

制定宣传策略：利用官方网站、社交媒体、电子邮件、行业媒体、合作伙伴等渠道进行广泛宣传，突出会议价值与吸引力。

报名系统设置与管理：建立在线报名平台，如涉及会议费，则设定早鸟价、团体优惠等政策，处理参会者注册、缴费、信息更新、发票申请等事宜。

参会者关系管理：定期发送会议提醒、更新议程、解答疑问，提升参会者满意度与参与度。

- 过程四 场地布置与技术支持

场地布置：按照会议主题与品牌风格进行现场装饰、指示标识设置、座位安排等，确保环境舒适、专业。

视听设备调试：测试投影、音响、麦克风、同声传译等设备，确保会议期间正常运行。

信息技术支持：准备会议微站、直播平台等数字化工具，提升会议互动性与效率。

- 过程五 会议运营与服务

接待与签到：安排专人负责参会者报到、证件发放、资料袋分发等工作，确保流程顺畅。

会务管理：监控会议进程，协调主持人、演讲嘉宾、技术人员等多方，应对突发情况，确保会议按计划进行。

餐饮与社交活动：安排茶歇、午宴、晚宴等餐饮服务，组织欢迎晚宴、参观考察等社交活动，促进参会者交流与合作。

- 过程六 会后工作

会议资料整理与分享：收集整理会议演讲稿、PPT、照片、视频等资料，通过网站、邮件等方式分享给参会者。

参会反馈与效果评估：通过问卷调查、面对面访谈等方式收集参会者对会议的评价与建议，进行数据分析，评估会议目标达成情况。

财务结算与审计：完成收支决算，进行财务审计。

经验总结与改进：整理会议过程中的问题与成功经验，开展项目复盘，提供参考。

二、实训岗位与任务

根据会议项目实训内容及目标，按照会展项目管理流程可设计但不限于以下六个实训岗位，见表 2–3 所示。

表 2–3　会议项目实训岗位及任务示例

序号	实训岗位	工作任务	周期
1	会议策划	会议策划 开幕式策划 社交活动策划 执行工作方案制订 财务管理	4 周
2	嘉宾邀请与合作开拓	拟定嘉宾名单 嘉宾接送安排、接待管理 赞助合作开拓	4 周
3	VI 设计	宣传物料设计 会场物料设计	4 周
4	市场推广	宣传推广方案拟定 宣传文案撰写 在线报名系统设置与管理 参会者招募	4 周
5	会务执行	会场布置与管理 现场签到 餐饮安排 社交活动执行 志愿者招募 撤场管理	1 周

续表

序号	实训岗位	工作任务	周期
6	工程保障	场地选择与预订报批 设施设备租借 工程物料采购 现场安全管理 应急预案制订	2 周

备注：实训时间总共 16~18 周（按实际教学周设计），以上各实训岗位的工作任务与周期可能存在交叉，具体可根据项目规模、复杂程度及学校实际条件进行调整

三、实训组织方式

为营造真实的会议项目效果，确保实训的组织严格按照业内常规的项目运营模式进行，本次实训结合校内实际，将对实训组织结构、各部门职能职责进行设定，学生按照工作流程和组织阶段任务进行职能分组，根据展览项目要求自主组织实施展览项目，实训指导老师起组织、指导、监督和评估作用。

- 实训组织架构

项目成立会议组委会，组委会对指导老师负责，由 1 名秘书长和 3 名左右的副秘书长构成。会议组委会组织架构可分为但不限于秘书处、策划部、市场推广部、设计部、运营部等，其下各部门和工作组分设部长和组长，如图 2–4 所示。

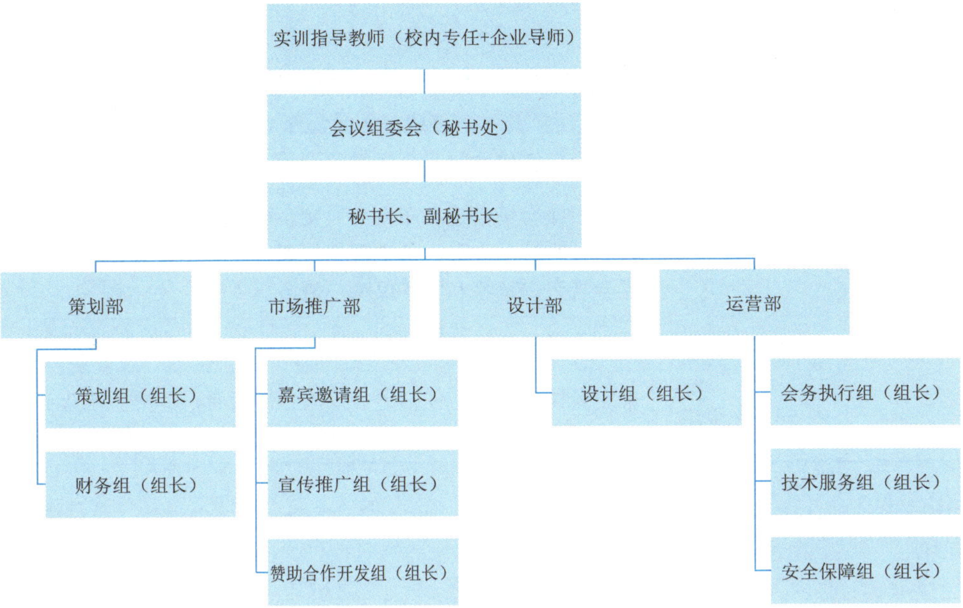

图 2–4　会议项目实训组织架构

- **部门业务职能（见表 2–4）**

表 2–4　会议项目各部门业务职能介绍示例

部门 / 工作组		职能
秘书处	正、副秘书长	负责组委会日常运营管理工作，协调各部门人员分工；把握会议的总体框架和运作模式；处理会议期间突发事件；确保会议筹备与执行的顺畅进行
策划部	策划组	策划会议的议程，包括主题演讲、专题讨论、社交活动等具体环节。确定演讲嘉宾、议题方向，确保内容与会议主题紧密相关，具有吸引力和价值。会议项目和相关执行方案设计和策划
	财务组	负责会议预算编制、资金筹集、财务管理、费用报销、财务审计等工作，确保会议财务运作规范、透明
市场推广部	嘉宾邀请组	邀请并协调演讲嘉宾，确认嘉宾演讲主题与时间安排，收集演讲 PPT，负责嘉宾的接送、现场接待安排等
	宣传推广组	负责宣传方案制订，建立和管理在线报名系统，参会者招募
	赞助合作开发组	负责会议赞助商招募、客户合作关系开拓，落实赞助权益

续表

部门 / 工作组		职能
设计部	设计组	负责会议宣传物料、会场物料设计
运营部	会务执行组	负责对接会场搭建和布置；对接会议服务供应商；执行开幕式和社交活动方案；负责现场签到、导引、应急处理，以及参会者咨询解答和服务保障；撤场
	技术服务组	负责会场视听设备调试和在线会议数字化工具的正常运行
	安全保障组	确定餐饮、交通、住宿等会议服务供应商；负责场地选定申报、展具租赁、采购、协助处理展会期间突发事件等

场景 3　节事活动实训设计

一、实训内容和过程

微课

节事活动实训设计

根据学校的实际情况，可组织开展“校园文化艺术节”（或“校园非遗节”“大学生旅游节”“国际文化交流节”等），节事活动面向全校师生开放，可选择本校内部开展，也可以扩展到周边或其他院校甚至推广到社会。

节事活动项目要求活动内容丰富、吸引力大、创新性强，能够增强校园文化活力，提升师生参与度与满意度。为进行更具针对性的训练，本实训中的“节庆”选择按照节事活动主题内容划分的节事活动类型进行。

节事活动的实训内容涉及从活动概念形成到后期收尾的完整周期，具体运作可包括但不限于以下流程，如图 2-5 所示。

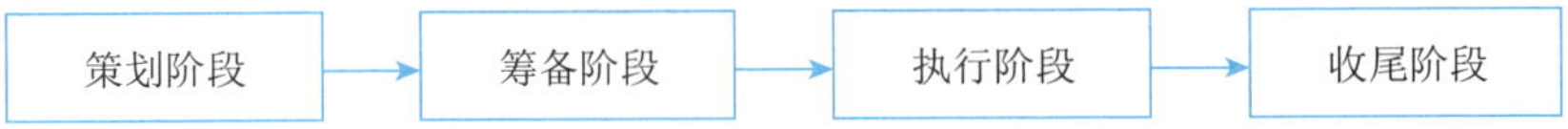

图 2-5　节事活动项目运作流程

● 过程一 策划阶段

确立目标与主题：明确节事活动的目的、主题及目标受众。

市场调研与需求分析：研究行业趋势、受众喜好、评估活动市场需求、可行性和影响力。

制订策划方案：编写详细的活动策划书，包括活动概述、时间表、预算、场地选择、活动内容、宣传推广、合作伙伴、风险管理等内容。

● 过程二 筹备阶段

组织架构与团队组建：确定活动组织结构，任命项目负责人，组建项目团队，明确各部门职责分工。

场地租赁与设施准备：根据活动规模和性质，选择并预订合适的场地，协商租赁条款，确保场地设施满足活动需求。

赞助与合作伙伴洽谈：寻找潜在赞助商、供应商和服务提供商，签订合作协议，明确各自权益与责任。

活动审批与许可：办理相关活动审批手续，确保活动合法合规。

宣传推广与票务销售：制定宣传策略，运用多种媒体渠道进行活动预热，若涉及门票，启动票务销售或注册系统，监控售票进度和公众反响。

● 过程三 执行阶段

现场布置与搭建：按照设计图纸进行场地布置、舞台搭建、设施安装、装饰美化等，确保活动场地符合主题且安全舒适。

活动流程管理：细化活动日程，安排彩排，确保各项表演、比赛、展览等活动环节按时进行，处理现场突发情况。

接待与服务：设立接待处，提供观众引导、问询服务、物品寄存等便利措施；确保餐饮、卫生、医疗等后勤保障到位。

安全保障与应急处理：制订应急预案，配备必要的安保力量和急救设施，监控活动现场，及时处理安全隐患和突发事件。

媒体关系与公关：协调媒体采访，实时发布活动新闻，监控舆论动态，进行危机公关。

● 过程四 收尾阶段

活动总结与评估：收集活动数据（如观众人数、媒体曝光、社交媒体互动、满意度调查等），进行财务结算，撰写活动总结报告，评估活动目标达成情况、效益分析和公众反馈。

后续沟通与关系维护：向参与者、赞助商、合作伙伴、媒体等利益相关方致谢，反馈活动成果，保持良好关系，探讨未来合作可能性。

财务审计与结算：完成财务决算，进行内部或外部审计，处理财务遗留问题，如退还押金、支付尾款、处理报销等。

资料归档与知识管理：整理活动相关文件、图片、视频等资料，进行归档保存，提炼活动经验和教训，为今后类似活动提供参考。

二、实训岗位与任务

根据节事活动项目实训内容及目标，按照会展项目管理流程可设计但不限于以下六个实训岗位，如表 2–5 所示。

表 2-5　展览项目实训岗位及任务示例

序号	实训岗位	工作任务	周期
1	项目策划	活动策划 开幕式策划 配套活动策划 执行工作方案制订 应急预案制订	4 周
2	招商管理	招商方案拟定 赞助商开拓 合作伙伴洽谈	4 周
3	VI 设计	宣传物料设计 舞台、活动区域设计	4 周
4	宣传推广	宣传推广方案拟定 宣传文案撰写 线上平台运营 线下宣传推广	4 周
5	活动执行	活动现场布置与管理 志愿者招募 撤场管理	1 周
6	工程保障	活动场地报批 设施设备租借 工程物料采购 现场安全管理 财务管理	2 周

备注：实训时间总共 16~18 周（按实际教学周设计），以上各实训岗位的工作任务与周期可能存在交叉，具体可根据项目规模、复杂程度及学校实际条件进行调整

三、实训组织方式

为营造真实的企业项目氛围，确保实训的组织严格按照业内常规的项目运营模式进行，本次实训结合校内实际，将对实训组织结构、各部门职能职责进行设定，学生按照工作流程和组织阶段任务进行职能分组，根据节事活动项目要求自主组织实施活动，实训指导老师起组织、指导、监督和评估作用。

- **实训组织架构**

节事活动项目成立组委会，组委会对指导老师负责，由 1 名项目经理和 3 名左右项目副经理构成。节事活动组委会组织架构共分为但不限于统筹组、策划部、营销部、设计部、运营部五个部门，其下各部门和工作组分设部长和组长，如图 2–6 所示。

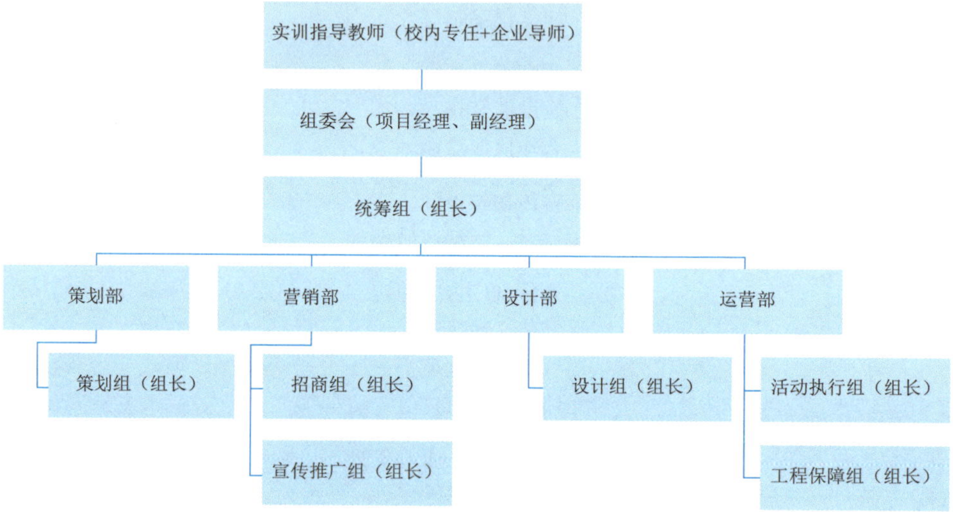

图 2–6　节事活动项目实训组织架构

- **部门业务职能（见表 2–6）**

表 2–6　节事活动项目各部门业务职能介绍示例

部门 / 工作组		职能
统筹组	项目经理、副经理、各板块组长	负责组委会日常运营管理工作，团队协调、进度监控、风险控制等工作，确保项目按计划执行，把握活动整体规划与资源调配
策划部	策划组	负责活动的主题设定、内容策划和相关执行方案设计与策划，联络活动嘉宾，组织和落实开幕式和活动期间其他配套活动等工作
营销部	招商组	负责赞助和其他活动合作伙伴洽谈，落实赞助权益
	宣传推广组	负责宣传方案制订和媒体联络，建立和管理在线报名系统，招募活动观众，运营新媒体平台
设计部	设计组	负责宣传物料、活动现场区域设计

续表

部门 / 工作组		职能
运营部	活动执行组	负责活动区域的搭建和布置；开幕式和配套活动场地的搭建和布置；活动场地及设施的安全管理和维护；观众导引和服务；撤场
	工程保障组	确定活动相关服务供应商；负责场地申报、展具租赁、采购、财务管理，负责会场视听设备调试，协助处理活动期间突发事件等

【项目复盘】

项目复盘是一个在项目结束后对整个项目进行总结、评估、学习和提升的过程。它有助于团队了解项目的成功之处和待改进之处，有助于团队成员明确自己的价值、明确工作的价值，并且优化弱项、强化强项，以便在未来的项目中更好地发挥。

学生可以通过实训项目复盘工作，对已完成的会展项目进行深入回顾、分析与总结，提炼经验教训，识别改进点，实现“一次项目，多次收获”，不断提升会展项目的管理水平与成效。

一、复盘任务分工

任务	具体描述
组建复盘团队	包括项目经理、主要负责人、关键岗位人员等，也可邀请行业专家等外部力量参与。如有需要，可邀请相关部门代表参与，确保复盘结果能被全组织吸收与应用
确定复盘时间	通常在项目结束后的 1~2 周内进行，确保记忆清晰，同时不影响新项目启动
开展项目复盘	通过查阅项目文档、项目数据及收集参展商、观众、合作伙伴、员工等多方的反馈与评价，对项目实施过程中出现的问题、延误、冲突等问题进行深入剖析，明确原因，提炼项目成功实施的策略、行动、创新点等，总结经验教训，提出改进行动计划

二、复盘步骤

步骤	具体描述
目标回顾	当初项目的意图或目的是什么？ 项目想要达到的目标是什么？ 我们计划怎么做？ 预先制订的计划是什么？ 事先设想要发生的事情是什么？
结果陈述	实际上发生了什么事？ 在什么情况下？是怎么发生的？ 与目标相比，哪些地方做得好？哪些未达预期？
原因分析	实际状况与预期有无差异？ 如果有为什么会发生这些差异？是哪些因素造成了没有达到预期目标？ 失败的根本原因是什么？ 如果没有失败，成功的关键因素是什么？
经验总结	从过程中学到了什么新东西？ 如果有人要进行同样的行动，我会给他什么建议？ 接下来我们该做些什么？ 哪些是我们可直接行动的？

三、复盘原则

原则	具体描述
客观公正	在复盘过程中，要保持客观公正的态度，避免主观臆断和偏见。只有客观地分析项目，才能找出真正的问题和改进方向
坦诚沟通	在复盘过程中，团队成员之间要坦诚沟通，分享自己的想法和意见。只有进行充分的沟通，才能找出问题的根源，共同制订改进措施
聚焦问题	复盘过程中要聚焦问题，关注项目的核心问题和关键点，避免在细枝末节上纠缠不清，影响复盘的效果
持续改进	复盘不仅是总结过去，更是为了持续改进。因此，在复盘过程中要制订具体的改进计划，并在未来的项目中付诸实践
成果导向	复盘要以成果为导向，关注项目的实际成果和效果。只有以成果为导向，才能确保复盘的实际效果和价值

四、实训复盘相关表单

● 实训任务分工表

班级（公司）		工作组		指导老师	
人员名单 职责分工	姓名：____ 职位：____ 分工：____________ 姓名：____ 职位：____ 分工：____________ 姓名：____ 职位：____ 分工：____________ 姓名：____ 职位：____ 分工：____________ 姓名：____ 职位：____ 分工：____________ 姓名：____ 职位：____ 分工：____________				

● 实训任务复盘记录表

目标回顾	
结果陈述	
原因分析	
经验总结	

【实训评价】

实训成绩评价是进一步规范和提高实训教学质量，加强学生实训考核管理，促进学生专业技能水平提升的保障。实训整体评价原则为遵循过程性评价与终结性评价相结合、个人表现与团队协作并重的原则，全面评估学生的理论知识掌握、实践技能运用、创新思维展现及团队协作能力。

一、实训整体评价相关表单

● 自评和互评（建议比例 10%~20%）

自我评价 25%	组内评价 25%	组外评价 25%	教师评价 25%

● 绩效综合评价（建议比例 80%~90%）

过程性评价 80%	终结性评价 20%

二、展览实训绩效综合评价标准

为更好地保证展览项目质量，充分调动每位专业学生的积极性和能动性，实训要求每位学生必须同时满足参加布展、撤展、现场服务、招展招商四项基础工作，无故不参加者可直接认定实训不合格。

同时为发挥每位同学的专长和兴趣度，学生可以选择项目经理、统筹组、策划组、设计组、宣传组、工程保障组、招展招商组组长或成员，其中项目经理和统筹组人员的成绩评定由实训指导教师负责评价，其他各职能成员成绩具体评价可参考表 2–7。

表 2–7　展览项目各职能实训成绩评价表

××展览项目各组成员实训绩效考核表			
评价内容	标准与要求	满分	得分
基础工作	参加布展、撤展、现场服务、招展招商四项工作内容，并配合项目经理和统筹组的调配	50	
策划组成员	参与项目配套活动（如开幕式、展览会、体验活动等）文案创意策划、现场执行 方案被采纳、现场执行效果好视工作绩效可酌情加分	10	
设计组成员	参与实训项目物料及宣传设计、物料制作对接工作 设计作品被采纳视工作绩效酌情加分	10	
宣传组成员	参与实训项目宣传文案撰写、直播、平台运营等宣传推广工作 创新宣传方式、宣传文案被采纳视工作绩效酌情加分	10	
工程保障组成员	参与实训项目财务、工程物料采购、设施设备租借、活动流程审批等工作	10	

续表

××展览项目各组成员实训绩效考核表			
评价内容	标准与要求	满分	得分
招展招商组成员	维护老客户企业参展，1家得5分；新增拓展新客户企业参展，1家得10分 拓展的新客户企业可视展商品牌类别、品牌知名度、展品质量等酌情加分	10	
加分	在项目工作中，被指导老师认定为有重大突出工作表现可直接再酌情加分		
说明	以上工作内容满分共100分，得分在90分以上为优秀，80~89分为良好，70~79分为中等，60~69分为合格，60分以下为不合格	100分	

三、会议实训绩效综合评价标准

为更好地保证会议项目质量，充分调动每位专业学生的积极性和能动性，实训要求每位学生必须同时满足参加会前布置、会后撤场、现场服务、市场推广四项基础工作，无故不参加者可直接认定实训不合格。

同时为发挥每位同学的专长和兴趣度，学生可以选择秘书处、策划组、财务组、嘉宾邀请组、宣传推广组、赞助合作开发组、设计组、会务执行组、技术服务组和安全保障组组长或成员，其中秘书处和各组人员的成绩评定由实训指导教师负责评价，其他各职能成员成绩评价可参考表2-8。

表2-8　会议项目各职能实训成绩评价表

××会议各组成员实训绩效考核表			
评价内容	标准与要求	满分	得分
基础工作	参加会前布置、会后撤场、现场服务、市场推广四项工作内容，并配合秘书处和各组组长的调配	50	
策划组成员	参与项目总方案及配套文案创意策划、实训项目财务、现场执行 方案被采纳、现场执行负责由指导老师根据文案质量、执行效果酌情加分	10	

续表

×× 会议各组成员实训绩效考核表			
评价内容	标准与要求	满分	得分
设计组成员	参与项目物料及宣传设计，物料制作对接工作 设计作品被采纳同时配合修改，由指导老师视工作绩效酌情加分	10	
宣传推广组成员	参与宣传文案撰写、嘉宾邀请与对接、新媒体运营、赞助合作等市场推广工作 创新宣传方式、宣传文案被嘉宾表扬，由指导老师视工作绩效酌情加分	10	
会务执行组成员	参与会场搭建和布置，执行会议活动，参与现场签到等，嘉宾和与会者接待与服务和志愿者管理 现场服务被嘉宾和与会者表扬，由指导老师视工作绩效酌情加分	10	
技术服务与安全保障组成员	参与场地预订与申报、工程物料采购、设施设备租借、会场视听设备管理等工作	10	
备注	在项目工作中，被指导老师认定为有重大突出工作表现可直接再酌情加分		
说明	以上工作内容满分共 100 分，得分在 90 分以上为优秀，80~89 分为良好，70~79 分为中等，60~69 分为合格，60 分以下为不合格	100 分	

四、节事活动实训绩效综合评价标准

为更好地保证节事活动项目质量，充分调动每位专业学生的积极性和能动性，实训要求每位学生必须同时满足参加活动前布置、活动结束后撤场、活动执行、观众招募与招商四项基础工作，无故不参加者可直接认定实训不合格。

同时为发挥每位同学的专长和兴趣度，学生可以选择策划组、招商组、宣传推广组、设计组、工程保障组组长或成员，其中项目经理和统筹组人员的成绩评定由实训指导教师负责评价，其他各职能成员成绩具体评价可参考表 2–9。

表 2-9　节事活动项目各职能实训成绩评价表

××节事活动各组成员实训绩效考核表			
评价内容	标准与要求	满分	得分
基础工作	参加活动前布置、活动结束后撤场、活动执行、观众招募与招商四项工作内容，并配合项目经理和统筹组的调配	50	
策划组成员	参与项目配套活动（如开幕式、配套活动等）文案创意策划、现场执行 方案被采纳、现场执行效果好视工作绩效可酌情加分	10	
设计组成员	参与实训项目物料及宣传设计、物料制作对接工作 设计作品被采纳视工作绩效酌情加分	10	
宣传推广组成员	参与实训项目宣传文案撰写、直播、平台运营等宣传推广工作 创新宣传方式、宣传文案被采纳视工作绩效酌情加分	10	
工程保障组成员	参与实训项目财务、工程物料采购、设施设备租借、活动流程审批等工作	10	
招商组成员	维护老客户企业赞助合作，1 家得 5 分；新增拓展新客户企业赞助合作，1 家得 10 分 拓展的新客户企业可视品牌知名度和赞助力度等酌情加分	10	
备注	在项目工作中，被指导老师认定为有重大突出工作表现可直接再酌情加分		
说明	以上工作内容满分共 100 分，得分在 90 分以上为优秀，80~89 分为良好，70~79 分为中等，60~69 分为合格，60 分以下为不合格	100 分	

总结与反思

1. 在会展项目实训中，你会选择什么岗位？这个岗位的任务是什么？
2. 在会展项目实训中，你认为哪些素质或能力是项目成功的关键？
3. 在会展项目实训中，你遇到了哪些困难？最终是如何解决的？
4. 在会展项目管理的相关工作中，你认为哪些职业素养是必须具备的？

模块二

过程一

项目启动阶段

思维导图

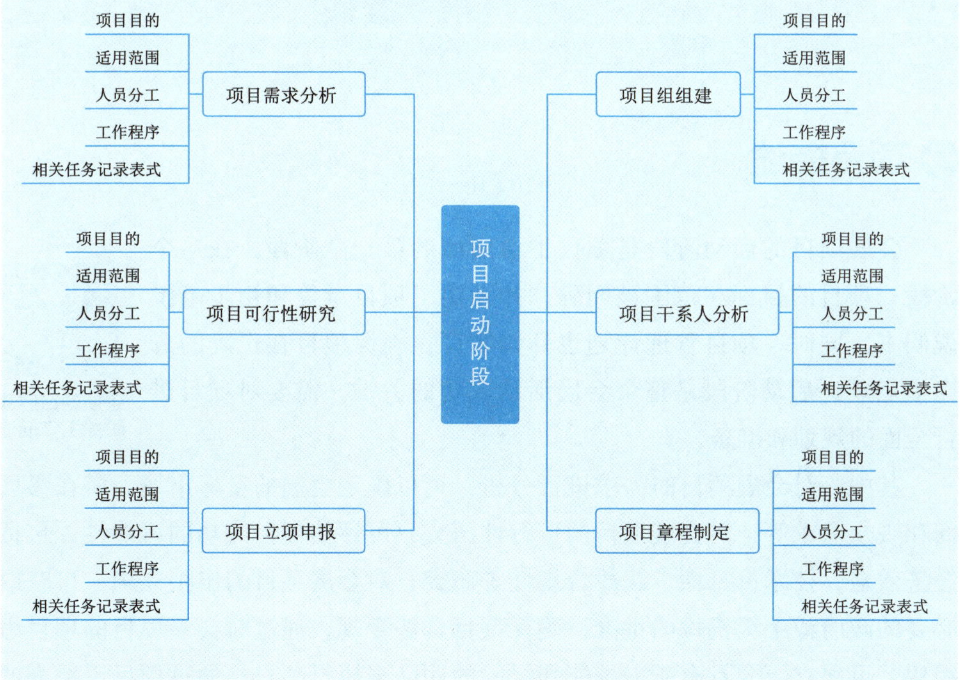

学习目标

通过本项目的学习，学生应该能够达到的知识、能力、素质目标如下：

1. 掌握会展项目的需求分析、可行性分析、财务分析、项目组的组建、相关岗位职责权限、申报立项等相关知识；

2. 了解会展项目启动阶段中需要完成的典型工作任务和工作目标，培养对会展项目启动阶段报告的撰写能力；

3. 培养制订项目工作方案和工作流程的能力，遵守道德准则和行业规范，具备精益求精、诚实守信、爱岗敬业的职业素养；

4. 培养合理分组分工，落实任务和职责，培养项目落地执行的能力，具备团队协作、严谨求实、吃苦耐劳、勇于创新的职业素养；

5. 培养项目谈判、工作复盘等分析问题和解决问题的能力，积累工作经验、提高专业悟性，培养适应社会工作环境的能力和职业拓展能力。

项目描述

微课

会展项目启动阶段工作描述

会展项目的启动阶段是项目生命周期的第一个阶段。在这个阶段，项目的目标和范围被明确，并制定了项目章程和初步范围说明书。同时，项目管理计划也开始制订，确保项目在正确的方向上启动。启动阶段是整个会展活动成功的关键，需要对项目进行全面的规划和准备。

其中，对会展项目的需求进行分析，可以确定会展的目标市场、潜在参展商和观众需求等；对会展项目的可行性研究，可评估项目成功的可能性，包括经济效益、技术可行性、法律合规性等研究；对会展项目的申报立项，可获取必要的政府或上级机构的批准，确保项目合法合规；通过对会展项目的项目组组建，可建立一个具有所需技能和经验的团队来执行项目；通过项目干系人的分析可以确定哪些个人或组织对会展项目的成果有直接或间接的影响，制订更符合干系人利益的项目计划和沟通策略；项目章程的制定代表着正式宣布项目的存在，对项目的开始实施赋予合法地位（见图 1–1）。

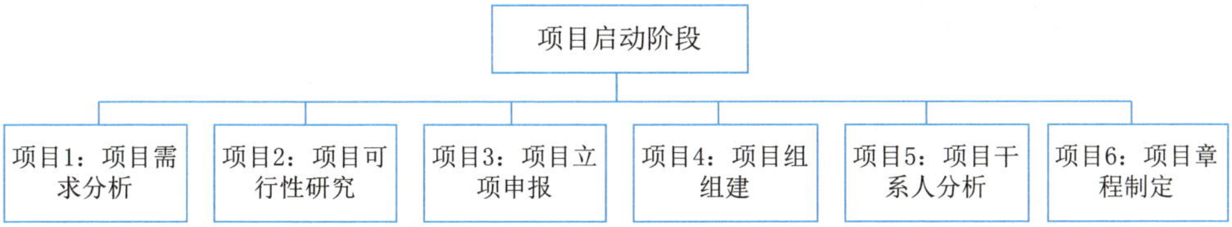

图 1-1　项目分解

典型工作结构分解

项目 1　项目需求分析

一、项目目的

对会展项目需求进行分析是会展项目启动过程中的重要环节，有助于确保会展项目的成功。通过科学的收集和分析方法，明确目标、了解市场和竞争对手、确定展品范围、制订计划，不断完善会展项目，提高项目满意度。

知识小贴士

会展项目需求分析包含的主要内容

会展项目需求分析是一个系统化的过程，它涉及对会展项目潜在需求的深入理解和评估。以下是进行会展项目需求分析的一些常用方法，通过这些方法，会展项目管理者可以全面地分析和确认项目需求，为项目的成功实施奠定坚实的基础。

市场调研：通过电话访谈、问卷调查、在线调查等方式，了解行业趋势、消费者行为和偏好，以及竞争对手的情况。

SWOT 分析：分析会展项目的优势（Strengths）、劣势（Weaknesses）、机会（Opportunities）和威胁（Threats），以确定项目的竞争地位和潜在风险。

PESTLE 分析：考察宏观环境中的政治（Political）、经济（Economic）、社会（Social）、技术（Technological）、法律（Legal）和环境（Environmental）

因素对会展项目的影响。

目标市场细分：识别并分析不同的目标市场细分，了解各细分市场的具体需求和偏好。

问卷调查和访谈：直接向潜在参展商和观众提问，获取他们对会展内容、规模、形式等方面的需求和建议。

现场考察：直接参观相关的会展，收集关于会展质量、效益等方面的第一手信息。

需求搜集：通过与项目相关方的沟通，搜集他们的需求和期望，确保需求清晰明确。

需求分析：对搜集到的需求进行分类、描述和验证，确保需求的可行性和实现性。

需求确认：与相关方共同确认项目需求，获得他们的认可，并在必要时进行修正。

用例分析和用户故事：使用用例图和用户故事来描述系统或服务应满足的功能和性能，从用户角度出发定义需求。

利益相关者分析：识别所有可能受项目影响的利益相关者，并分析他们的需求和期望。

技术和操作需求分析：评估技术可行性和操作需求，确保所提出的需求在技术上行得通，且便于操作实施。

风险评估：评估需求实现过程中可能遇到的风险，并制订相应的风险管理计划。

财务分析：考虑项目预算和资金筹措，分析项目的经济效益，确保需求在财务上的可行性。

政策和法规遵从性分析：确保项目需求符合相关法律法规要求，避免法律风险。

二、适用范围

适用于会议、展览、节事活动等会展项目的投资者或决策者对会展项目的市场需求、社会需求、消费群体需求及会展项目举办方需求的分析，是确定项目是否有必要开展的前提。

三、人员分工

- **市场部门主管：**按照会展项目需求分析的工作程序指挥部门人员进行会展项目的需求分析，从而为决策者提供分析基础。
- **市场部门员工：**协助部门主管完成调研、数据收集整理分析等相关工作。

四、工作程序

具体工作流程参照图 1–2 项目需求分析工作流程图。

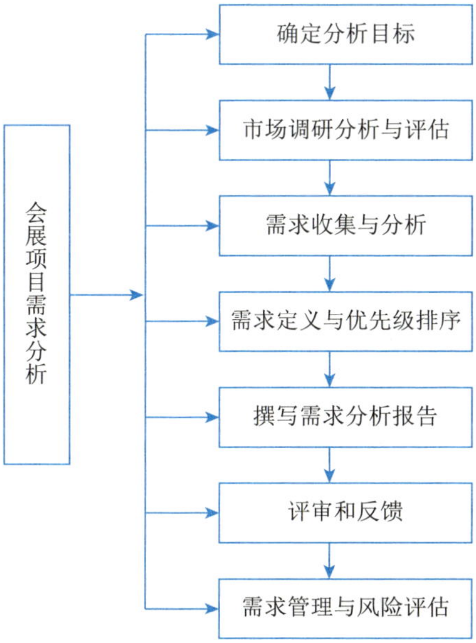

图 1–2　项目需求分析工作流程图

1. 确定分析目标：明确会展的目的、预期成果和目标受众。

2. 市场调研分析与评估：收集有关行业、市场趋势、潜在参展商和观众的信息，识别并分析目标受众的特征、需求和偏好，研究竞争对手的会展项目，了解其优势和不足。评估可用于会展项目的资源，包括人力、财力、物力和时间。

3. 需求收集与分析：进一步通过问卷调查、访谈、小组讨论等方式收集潜在参展商和观众的需求，对收集到的数据进行整理和分析，识别关键需求和趋势。

4. 需求定义与优先级排序：根据分析结果，明确会展项目的具体需求。确定哪些需求是必要的，哪些是次要的，哪些可以忽略。

5. 撰写需求分析报告：将分析结果整理成文档，为会展策划和决策提供依据。

6. 评审和反馈：将需求分析报告提交给项目干系人进行评审，并根据反馈进行调整。

7. 需求管理与风险评估：在会展项目实施过程中，持续跟踪和管理需求的变化。识别需求分析过程中可能遇到的风险，并制定相应的应对策略。

需求分析是一个动态的过程，可能需要根据新的信息或变化进行调整。此外，需求分析不仅是一个开始阶段的活动，它应该是会展项目管理中的一个持续过程，以确保项目始终符合市场和目标受众的需求。

五、相关任务记录表式

以下记录表式仅供参考，可以根据实际项目和需求进行增减和修改。

1100–01 会展项目市场调研报告

- **1100–01 会展项目市场调研报告**

会展项目市场调研报告

项目名称：[填写会展项目名称]

编制单位：[填写编制单位或个人名称]

编制日期：[填写报告编制日期]

一、概述

[简要介绍调研的目的、范围和方法]

二、市场背景

1. 行业概况：[描述行业的当前状态、历史发展和未来趋势]
2. 市场规模与增长：[提供市场规模的估计和增长预测]
3. 市场细分：[细分市场并描述各细分市场的特点]

三、目标受众分析

1. 受众概况：[描述目标受众的基本情况，如地理位置、行业、规模等]
2. 需求与偏好：[分析目标受众的需求和偏好]
3. 行为模式：[研究目标受众的行为模式，如购买习惯、信息获取渠道等]

四、竞争环境

1. 竞争对手：[列出主要竞争对手并分析其优势和劣势]

2. 竞争策略：[分析竞争对手的市场策略和定位]

3. 市场份额：[提供竞争对手的市场份额和影响力分析]

五、市场机遇与挑战

1. 机遇：[识别市场中的机遇，如新技术、新趋势等]

2. 挑战：[分析市场面临的挑战，如法规变化、经济波动等]

六、市场趋势

（描述影响会展项目的关键市场趋势，如技术创新、消费者行为变化等）

七、调研方法

（说明使用的调研方法，如在线问卷、一对一访谈、焦点小组、案头研究等）

八、调研结果

（详细展示调研数据和分析结果，包括图表、图形等）

九、结论与建议

（基于调研结果，提出对会展项目的建议和策略）

十、附件

（包括调研问卷、访谈记录、数据表格、参考文献等附加材料）

编制人：[签名]

审核人：[签名]

批准人：[签名]

日期：[批准日期]

● 1100-02 会展项目需求分析报告

1100-02 会展项目需求分析报告

会展项目需求分析报告

项目名称：[填写会展项目名称]

编制单位：[填写编制单位或个人名称]

编制日期：[填写报告编制日期]

一、执行摘要

（简要概述需求分析的主要发现、建议和关键结论）

二、项目背景

（描述会展的背景，包括为何举办此会展、预期的市场和行业背景等）

三、会展目的与目标

1. 会展目的：[列出会展的主要目的]

2. 会展目标：[具体、量化的目标]

四、目标受众分析

1. 参展商：[分析参展商的需求]

2. 观众：[分析观众的需求]

3. 其他利益相关者：[分析其他利益相关者的需求，如媒体、赞助商等]

五、市场调研结果

（基于市场调研，提供有关行业趋势、竞争对手分析、市场潜力等的信息）

六、需求收集与分析

1. 需求收集方法：[描述用于收集需求的方法，如问卷调查、访谈、小组讨论等]

2. 需求汇总：[列出收集到的所有需求]

3. 需求优先级：[根据需求的重要性和紧迫性进行优先级排序]

七、资源与能力评估

（评估实现需求所需的资源，包括团队能力、财务预算、技术资源等）

八、风险评估

（识别可能影响会展成功的潜在风险，并提出相应的风险管理措施）

九、财务分析

（提供会展的预算概览，包括成本预测和潜在收入）

十、行动计划

（基于需求分析结果，制订详细的行动计划，包括关键里程碑和责任分配）

十一、监控与评估

（描述如何监控行动计划的执行情况，并评估会展效果）

十二、附件

（包括相关的调研数据、问卷样本、访谈记录、预算明细等附件）

编制人：[签名]

审核人：[签名]

批准人：[签名]

日期：[批准日期]

课后实训任务

1）完成项目需求分析的工作任务分解和人员分工；

2）完成项目需求分析的实训工作进度计划表；

3）具体实施过程中，利用相关表式，完成过程性记录；

4）撰写项目需求分析报告；

5）需求分析项目实训结束后，完成阶段实训项目复盘与评价工作。

（具体表式设计可以参考“先导二　会展项目管理实训设计”）

项目 2 项目可行性研究

一、项目目的

对会展项目的可行性进行研究，并根据调研情况进行项目可行性研究报告撰写，为进一步进行会展项目立项申报做论证基础。

知识小贴士

撰写会展项目可行性研究报告技巧

撰写会展项目可行性研究报告是一个需要细致研究和深入分析的过程，以下撰写技巧可以帮助提高报告的专业性和说服力，有助于提高报告的质量，使其更具说服力。

明确项目目标：清晰地阐述会展的目的和预期目标，确保报告的读者能够快速把握项目的核心价值。

详尽的市场调研：提供深入的市场分析，包括潜在参展商和观众的需求、市场规模、竞争对手分析等。

数据驱动：使用可靠的数据支持你的论点，包括市场数据、财务预测和历史会展的参考数据。

结构清晰：保持报告结构的逻辑性和条理性，常见的结构包括摘要、背景介绍、市场分析、财务分析、风险评估、法律合规性、技术需求、实施计划等。

SWOT 分析：利用 SWOT 分析展示项目的优势、劣势、机会和威胁，为决策者提供全面的视角。

风险管理计划：详细说明项目可能面临的风险及相应的风险缓解措施。

财务透明：提供详细的财务分析，包括预算、资金来源、收益预测和投资回报率。

法律和合规性考量：确保报告包含所有相关的法律和合规性问题，如许可证、合同义务和法规遵守。

技术和物流规划：描述所需的技术设备、物流安排和后勤支持，展示项目的可操作性。

营销和推广策略：阐述会展的宣传推广计划，包括目标受众、宣传渠道和预期效果。

项目实施时间表：提供项目的时间线，包括关键里程碑和完成时限。

专业语言和格式：使用行业标准的语言和格式，确保报告的专业性和权威性。

图表和视觉辅助：使用图表、图像和流程图等视觉辅助工具来简化复杂信息。

客观和真实：保持报告的客观性，避免夸大或误导性陈述。

审慎的结论和建议：基于分析结果提出明确的结论和建议。

附录和补充材料：在报告末尾提供附录，包括调研问卷、访谈记录、参考文献等。

专业校对：在最终提交前，进行彻底的校对和编辑，确保没有语法错误和打字错误。

互动和反馈：鼓励读者提供反馈，以便进一步改进报告。

二、适用范围

适用于会议、展览、节事活动等会展项目的投资者或决策者对会展项目的可行性商业论证，是进行会展项目申报立项的基础性工作，是确定项目是否有必要开展的前提。

三、人员分工

- 市场部门主管：按照会展项目可行性研究的工作程序指挥部门人员进行会展项目的可行性研究，从而为决策者提供分析基础。
- 市场部门员工：协助部门主管完成相关工作。
- 其他部门人员：配合市场部门进行会展项目的可行性研究进行数据分析。

四、工作程序

具体工作流程参照图 1–3 会展项目可行性研究工作流程图。

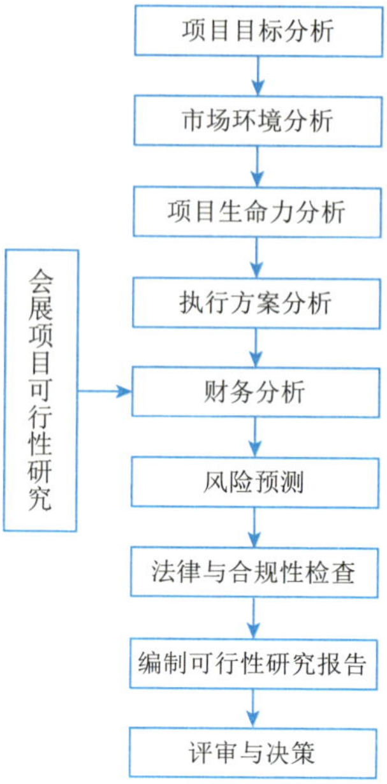

图 1-3　会展项目可行性研究工作流程图

1. 项目目标分析：明确会展项目的目的、具体目标、可衡量指标。

2. 市场环境分析：对经济、政治、社会、文化环境等宏观环境和目标客户、竞争者、服务商等微观环境进行 SWOT 分析。

3. 项目生命力分析：分析项目发展空间、项目定位、竞争力和办展机构资源。

4. 执行方案分析：对展会基本框架、执行方案的完备性进行分析。

5. 财务分析：对投资成本、预期收益和投资回报率进行分析。

6. 风险预测：对市场风险、财务风险和操作风险进行评估。

7. 法律与合规性检查：确保项目符合相关法律法规要求。

8. 编制可行性研究报告：汇总分析结果，编制可行性研究报告。

9. 评审与决策：组织专家评审，根据评审意见和建议进行调整，做出是否继续项目的决策。

五、相关任务记录表式

以下记录表式仅供参考，可以根据实际项目和需求进行增减和修改。

•1200-01 SWOT 分析及组合策略矩阵

1200-01 SWOT 分析及组合策略矩阵

SWOT分析及组合策略矩阵

一、会展项目 SWOT 分析

维度	描述	具体内容
优势（S）	内部积极因素	– 专业团队 – 良好的市场声誉 – 先进的技术基础设施
劣势（W）	内部消极因素	– 有限的预算 – 竞争激烈 – 资源分散
机会（O）	外部积极因素	– 新兴市场需求 – 政策支持 – 技术进步
威胁（T）	外部消极因素	– 经济波动 – 法规变化 – 竞争对手的创新

二、组合策略矩阵

SWOT	SO（利用优势抓住机会）	ST（利用优势减少威胁）	WO（利用机会克服劣势）	WT（减少劣势和威胁）
策略	– 利用专业团队开拓新兴市场 – 利用市场声誉吸引政策支持	– 利用先进技术和基础设施应对法规变化 – 利用专业团队应对竞争对手的创新	– 利用政策支持和市场需求改善资源分散问题 – 利用技术进步解决预算限制	– 通过合作伙伴或外部资金解决资源分散问题 – 调整策略以适应经济波动和法规变化

使用说明：这个模板提供了一个结构化的方法来分析会展项目的环境，并制定相应的策略。通过这种方式，项目团队可以更有效地应对挑战，利用机会，并推动项目成功。

1. SWOT 分析：首先完成 SWOT 分析，列出项目的所有优势、劣势、机会和威胁。

2. 组合策略矩阵：根据 SWOT 分析的结果，制定相应的策略。

3. SO（利用优势抓住机会）：制定策略以利用项目的优势来抓住外部机会。

4. ST（利用优势减少威胁）：制定策略以利用项目的优势来减少或避免外部威胁。

5. WO（利用机会克服劣势）：识别机会，通过这些机会来克服或改善项目的劣势。

6. WT（减少劣势和威胁）：制定策略以减少项目的劣势，并应对外部威胁。

7. 行动计划：基于组合策略矩阵，制订具体的行动计划和执行步骤。

8. 定期审查：SWOT 分析和组合策略矩阵应定期更新，以确保项目策略与当前环境和条件保持一致。

- 1200-02 会展项目可行性研究报告

1200-02 会展项目可行性研究报告

会展项目可行性研究报告

封面

- 项目名称：[会展项目名称]
- 申请单位：[主办单位或承办单位名称]
- 编制单位：[编制可行性研究报告的单位名称]
- 编制日期：[报告编制完成的日期]

目录

- 列出报告的主要章节和子章节及其页码。

正文

一、项目概况

- 项目背景：介绍会展的起因、背景和相关背景信息。
- 项目目的：明确会展的目标和预期要达成的效果。

二、市场环境分析

序号	分析内容	描述	结果	备注
1	宏观市场环境	经济、政治、社会文化环境等	[结果]	[备注]
2	微观市场环境	目标客户、竞争者、服务商等	[结果]	[备注]
3	SWOT 分析	优势、劣势、机会、威胁	[结果]	[备注]

三、项目生命力分析

序号	分析内容	描述	结果	备注
1	项目发展空间	产业空间、市场空间等	[结果]	[备注]
2	项目竞争力	展会定位、品牌影响力等	[结果]	[备注]
3	办展机构优劣势	资源、经验、历史项目等	[结果]	[备注]

四、执行方案分析

序号	分析内容	描述	结果	备注
1	展会基本框架评估	名称、展品范围、时间等	[结果]	[备注]
2	执行方案完备性	方案合理性、完备性	[结果]	[备注]

五、财务分析

序号	分析内容	描述	结果	备注
1	投资成本	场地租赁、设备购置等	[结果]	[备注]
2	预期收益	门票、赞助、广告等	[结果]	[备注]
3	投资回报率	收益与成本对比	[结果]	[备注]

六、风险预测与评估

序号	风险类型	描述	可能性	影响程度	应对措施
1	市场风险	需求变化、竞争加剧等	[评估]	[评估]	[措施]
2	财务风险	资金短缺、成本超支等	[评估]	[评估]	[措施]
3	操作风险	组织、执行过程中的问题	[评估]	[评估]	[措施]

七、法律与合规性分析

序号	分析内容	描述	结果	备注
1	法律法规遵守	相关政策、法规遵守情况	[结果]	[备注]
2	合同协议	合作方、供应商合同履行	[结果]	[备注]

八、综合评价与建议

序号	评价内容	描述	建议	备注
1	项目可行性	综合分析结果	[建议]	[备注]
2	改进建议	发现的问题与改进方向	[建议]	[备注]

九、附件

- 相关调研问卷、数据分析表格、预期效益图表等。

封底

● 编制单位的联系信息。

请根据实际情况填写和调整上述模板内容。会展项目可行性研究报告应当全面、客观，能够为项目决策者提供是否投资和进行该项目的科学依据。在编制报告时，应注重数据的准确性和分析的深度，确保报告的实用性和有效性。

课后实训任务

1）完成项目可行性研究的工作任务分解和人员分工；

2）完成项目可行性研究的实训工作进度计划表；

3）具体实施过程中，利用相关表式，完成过程性记录；

4）撰写项目可行性研究报告；

5）可行性研究项目实训结束后，完成阶段实训项目复盘与评价工作。

（具体表式设计可以参考“先导二　会展项目管理实训设计”）

项目3 项目立项申报

一、项目目的

以书面报告的形式向相关行政主管部门或上级部门进行项目申请，并最终获得批准或承认的过程。会展项目立项内容包括：会展活动的名称、举办地点、举办时间、活动定位、范围、规模、办展频率、会展活动价格、财务预算、人力资源分配，招商招展和宣传推广计划，会展进度计划，现场管理计划和相关活动计划等。同时，立项申报有助于获取必要的支持和资源，包括资金、场地、人员等，为项目的顺利实施提供有力保障。

知识小贴士

会展项目立项应遵循的原则

微课

会展项目立项应遵循的原则

可行性原则：评估项目在经济、技术、操作层面的可行性，考虑资源（如人力、物力、财力和技术）的可用性，以及项目是否适应当前的经济、政治、社会环境。

利益性原则：确保项目能为参与各方带来正面的经济效益或社会效益，包括直接的财务回报、品牌提升、市场扩展等。

创新性原则：项目应具备新颖性，无论是内容、形式还是服务上，都应有所创新，以区别于同类会展，吸引目标受众。

灵活性原则：项目设计与实施过程中需保持一定的灵活性，以适应外部环境的变化，包括市场需求变动、政策调整等，确保项目能够顺利进行并达到预期目标。

科学性原则：立项决策需基于充分的市场调研和数据分析，确保决策的合理性与准确性，避免重大决策失误。

合规性原则：项目立项必须符合国家和地方的法律法规、产业政策、行业标准等，确保项目合法运营。

可持续性原则：考虑项目的长期影响，包括环境影响、经济效益的持续性及对社会文化的正面贡献，促进会展业的健康发展。

在实际操作中，项目团队还需考虑项目与既有业务系统的兼容性、资源整合能力、风险管理及项目对地方经济的拉动作用等因素，确保立项项目的全面性和前瞻性。

二、适用范围

适用于会议、展览、节事活动等会展类项目的立项申报工作。需要向政府申报的项目主要包括：境内举办的涉外经济技术展览会，特别是首次使用“中国”等字样的展会，以及外国机构参与主办的展览会。还包括省级政府或其部门主办的专业展览或会议、重点培育的品牌展览、首次在本省举办的高端国际会议等。同时，一些城市如上海要求行政区域内举办的会展活动必须依法进行备案。此外，中小企业可申报重点展会补助项目，由地方商务和财政部门管理。绿色展览项目也须按特定要求申报。这些规定涵盖了不同层级和类型的会展活动，确保各类会展项目依法有序进行。

三、人员分工

- **项目筹备主管：**按照会展项目立项申报的工作程序，指挥部门人员进行会展项目的立项申报相关材料准备。
- **市场部门员工：**协助部门主管完成相关工作。

四、工作程序

具体工作流程参照图 1–4 会展项目立项申报流程图。

1. 提交项目立项申报书：会展项目立项申报书是向相关管理部门申请批准举办会展的正式文件，包含市场调研、可行性分析、预算规划等内容。申报书需要详细说明项目的目标、预期成果、所需资源以及详细的预算计划。会展项目立项申报书应当全面、客观，能够为审批部门提供充分的信息以评估项目的可行性和必要性。在编制申报书时，应注重数据的准确性和分析的深度，确保报告的实用性和有效性。

2. 相关部门初审：提交项目申报书后，相关部门会进行初步审核，确保项目符合相关政策和规定，并评估项目的可行性和预期效果。

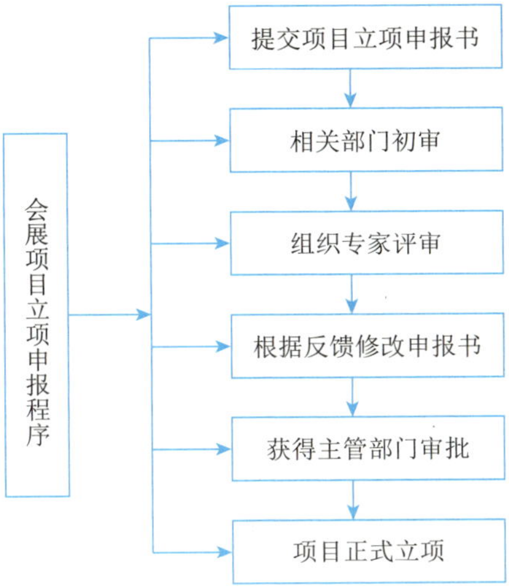

图 1-4　会展项目立项申报流程图

3. 组织专家评审： 通过初审后，项目将提交给专家进行评审。专家将根据项目申报书的内容，对项目进行专业评估，并给出评审意见。

4. 根据反馈修改申报书： 根据专家评审的意见和建议，项目团队需要修改和完善项目申报书，确保项目能够更好地满足相关要求和预期目标。

5. 获得主管部门审批： 主管部门将根据项目方案的内容和相关政策规定，对项目进行最终审批。

6. 项目正式立项： 如果项目获得主管部门的批准，将会获得项目立项批文。这是项目正式立项的重要凭证，也是后续项目实施的依据。

五、相关任务记录表式

以下记录表式仅供参考，可以根据实际项目和需求进行增减和修改。

1300-01 会展项目立项申报书

- **1300-01 会展项目立项申报书**

会展项目立项申报书

封面
项目名称：[会展项目名称]
申报单位：[主办单位或承办单位名称]

申报日期：[填写日期]

目录

列出申报书的主要内容及其页码。

正文

一、项目概述

- 背景介绍：[说明举办会展的背景和缘由]
- 项目目的：[阐述会展的目标和意义]

二、市场分析

- 市场需求分析：[调研并分析目标市场的需求]
- 目标参展商和观众：[描述目标参展商和观众的特征]

三、目标受众

（描述目标受众的特征，包括参展商、专业观众、行业分析师等）

四、项目目标

- 市场目标：[拓展新的市场领域、提升在目标市场中的知名度]
- 品牌目标：[加强品牌形象、提高品牌忠诚度]
- 销售目标：[实现一定的销售额、增加潜在客户数据库]
- 产品目标：[推广新产品或服务、收集产品反馈以优化现有产品]
- 合作目标：[寻找潜在的商业合作伙伴、建立行业联盟或合作网络]

五、可衡量指标

（为每个具体目标设定可衡量的指标，如参展人数、销售额、媒体报道次数等）

六、项目实施方案

- 活动内容：[介绍会展的主要内容和活动安排]
- 时间安排：[会展的具体日期和日程]
- 地点选择：[会展的举办地点及其选择理由]

七、组织结构

- 组织委员会：[列出组织委员会的成员和职责]
- 工作小组：[介绍各个工作小组的职责和任务]

八、财务预算和资源

- 收入预测：[门票、赞助、广告等预期收入]
- 成本预算：[详细列出成本预算，包括场地租赁、宣传费用等]
- 资源：[包括人力、物力、财力]

九、风险评估与应对措施

- 风险分析：[识别可能的风险及其影响]
- 应对策略：[针对风险制订的应对措施]

十、宣传与市场推广计划

- 宣传计划：[会展的宣传策略和计划]
- 市场推广：[市场推广活动和目标]

十一、法律与合同事项

- 法律遵守：[确保项目符合相关法律法规]
- 合同协议：[与合作伙伴、供应商等签订的合同协议]

十二、项目评估与监控

- 评估计划：[项目实施后的评估计划]
- 监控机制：[项目实施过程中的监控机制]

十三、附件

相关调研问卷、数据分析表格、预期效益图表等。

封底

申报单位的联系信息。

课后实训任务

1）完成立项申报工作的实训岗位设置与工作任务分解；

2）完成项目立项申报的实训工作进度计划表；

3）具体实施过程中，利用相关表式完成过程性记录；

4）撰写立项申报书；

5）立项申报实训结束后，完成阶段实训项目复盘与评价工作。

（具体表式设计可以参考“先导二　会展项目管理实训设计”）

项目4 项目组组建

一、项目目的

根据项目需求和目标，挑选和组合具有不同专业背景、技能和经验的个体，形成一个高效协作的团队，以负责会展项目的策划、组织、实施和管理的过程。

知识小贴士

会展项目组组建方法和原则

会展项目组的组建是一个涉及多个环节和考虑因素的过程。通过明确项目目标、确定团队角色和职责、充分利用现有资源及遵循灵活性、多样化、以人为本和客户需求导向等原则，可以组建出一个高效、专业、有战斗力的会展项目组。以下是一些会展项目组组建的方法与原则。

一、组建方法

明确项目目标：在组建团队之前，必须明确会展项目的目标和任务。明确项目目标可以帮助团队成员理解项目的重要性和意义，同时也能够使团队成员在工作中保持聚焦、持续努力。

确定团队角色和职责：根据项目需求和团队规模，确定团队成员的角色和职责。一个典型的会展项目团队中可能包括项目经理、设计师、采购专员、营销专员、财务专员等不同角色。确定团队成员的角色和职责可以确保项目工作的顺利进行，避免责任不明确或者重叠的情况发生。

充分利用现有资源：在组建会展项目团队时，应当充分利用现有的公司内部资源。通过合理安排和调度，将有关部门的专业人才融入会展项目团队，增强团队的专业性和专注性。

矩阵形组织结构：会展项目团队的组织结构通常为矩阵形。团队成员在项目经理领导下，根据经营活动的需要，按销售、营销和运营三个部门开展业务工作。这种结构有利于团队成员之间的沟通和协作，同时也有利于资源的有效利用。

二、组建原则

灵活性原则：会展团队的组建要求有灵活的成员组合，要根据需求动态调整团队成员的搭配。这种灵活性可以确保项目团队能够迅速适应各种变化和挑战，从而保证项目的顺利进行。

多样化原则：在组建团队时，应注重团队成员的多样化，包括专业背景、技能、经验等方面的多样化。这种多样化可以带来不同的视角和思维方式，有助于发现问题和提出创新性的解决方案。

以人为本原则：在组建团队时，应充分考虑团队成员的个人能力和特长，尽可能让每个人都能在团队中找到适合自己的位置。这种以人为本的组建原则可以激发团队成员的积极性和创造力，提高项目的质量和效率。

客户需求导向原则：会展项目团队的组建应以客户需求为导向，根据客户的需求来确定团队成员的组合和职责分配。这种客户需求导向的组建原则可以确保项目团队能够更好地满足客户的需求和期望，从而提高客户的满意度和忠诚度。

二、适用范围

适用于会议、展览、节事活动等会展项目团队的组建工作。需要充分考虑会展项目的实际需求，采用合理的组建方式优化资源配置、提高项目效率，为客户提供高质量的会展服务。

三、人员分工

- **项目经理：**作为会展项目的总负责人，项目经理负责整体项目的规划、组织、协调和控制。他们需要确保项目按照预定的时间表和预算进行，与所有团队成员和客户保持沟通，并处理任何突发问题。
- **策划人员：**策划人员负责制订会展项目的整体策划方案，包括确定主题、展区布局、安排活动日程等。他们需要具备丰富的创意和策划能力，以确保会展项目能够吸引目标观众并达到预期的宣传效果。
- **营销人员：**营销人员负责会展项目的市场推广和宣传工作，包括制定营销策略、制作宣传材料、联系媒体和合作伙伴等。他们需要具备良好的沟通能力和市场洞察力，以扩大会展项目的影响力并吸引更多的参展商和观众。

● **设计人员：**设计人员负责会展项目的视觉设计工作，包括展区设计、展台搭建、展品陈列等。他们需要具备专业的设计能力和创新思维，以打造出独特且吸引人的展示效果。

四、工作程序

具体流程参照图 1–5 会展项目组组建流程图。

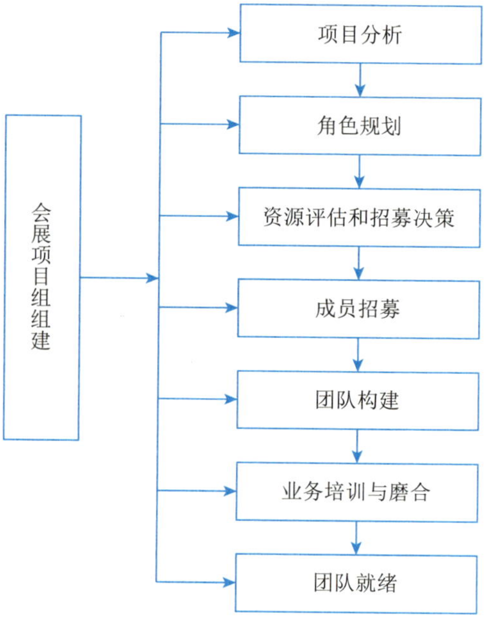

图 1–5　会展项目组组建流程图

1. 项目分析：分析会展项目的规模、目标、时间线，确定团队组建的基本需求。

2. 角色规划：根据项目需求，规划团队所需的关键角色及各自的职责。

3. 资源评估和招募决策：评估现有团队资源，决定内部调配与外部招聘的组合方案。

4. 成员招募：实施招聘计划，包括发布职位、筛选简历、面试等，直至人选确定。

5. 团队构建：正式组建团队，明确各成员的角色、责任和相互关系。

6. 业务培训与磨合：组织团队成员进行业务培训、团队建设活动，促进成员间的沟通与协作。

7. 团队就绪： 完成所有前期准备，团队进入项目执行前的最终准备状态，等待项目正式启动。

五、相关任务记录表式

以下记录表式仅供参考，可以根据实际项目和需求进行增减和修改。

1400-01 会展项目组成员责任分配矩阵表

● 1400-01 会展项目组成员责任分配矩阵表

项目组成员责任分配矩阵表

项目名称：______________ 项目经理：______________

WBS 细目	人员 / 工作包	某某	某某	某某	某某	某某	某某	某某
1100	可行性调研	P	S					
1200	组建项目组	P	S					
……	……							

● 说明：P（President）——主要负责人，S（Service）——次要负责人

1400-02 会展项目组成员信息表

● 1400-02 会展项目组成员信息表

项目组成员信息表

项目名称：______________ 准备日期：______________

编号	姓名	部门	职务	联系方式	职责概述	备注
1	张三	项目经理	项目经理	手机：138××××××88 邮箱：××@××.com	负责项目整体规划、进度管理、资源调配及团队协调	擅长跨部门协作

续表

编号	姓名	部门	职务	联系方式	职责概述	备注
2	李四	策划部	主策划	……	负责展会主题策划、活动安排及创意输出	有5年大型会展策划经验

● **1400-03 任务分配与进度跟踪表**

1400-03 任务分配与进度跟踪表

任务分配与进度跟踪表

任务编号	任务名称	负责人	预计开始日期	预计结束日期	实际开始日期	实际结束日期	完成百分比	备注
001	确定会展主题	张三	2024-04-01	2024-04-10				需全体讨论后确定
002	展会场地租赁	王五	2024-04-15	2024-04-30				考虑交通便利性和容纳量
……	……	……	……	……	……	……	……	……

课后实训任务

1）完成项目组的总体组织架构图，并且招募成员；

2）完成项目岗位职权和工作范围等实训工作；

3）具体实施过程中，利用相关表式完成过程性记录；

4）组建项目组实训结束后，完成阶段实训项目复盘与评价工作。

（具体表式设计可以参考“先导二　会展项目管理实训设计”）

项目5 项目干系人分析

一、项目目的

通过会展项目干系人识别，确定哪些个人或组织对会展项目的成果有直接或间接的影响，以及项目本身对哪些干系人有影响。了解不同干系人的具体需求和期望，制订更符合干系人利益的项目计划和沟通策略，确保项目目标实现。

知识小贴士

会展项目干系人的分类与维护

会展项目干系人的分类与维护是项目管理中的重要组成部分。干系人是指积极参与项目或其利益会受到项目执行或完成情况影响的个人或组织。常用的会展项目干系人的分类及维护方法有以下几点。

一、干系人分类

项目团队成员：直接参与项目执行的个人或团队，他们的工作直接影响项目结果。

项目经理：负责协调项目团队和各方干系人，确保项目目标的实现。

客户和参展商：项目的最终受益者，他们的需求和满意度是项目成功的关键。

供应商：提供项目所需的材料和服务，他们的质量和交付时间直接影响项目的进度和质量。

上级管理层：可能为项目提供资源支持或对项目有决策权。

政府机构和监管单位：可能对会展项目的合规性有要求。

合作伙伴和赞助商：为项目提供资金或其他形式的支持。

观众和其他利益相关者：可能包括媒体、行业协会等，他们对项目的认知和反馈也很重要。

二、维护方法

识别干系人：通过利益相关者分析矩阵、影响力图等工具识别所有干系人。

了解干系人需求和期望：通过会议、访谈、问卷调查等方式积极倾听和收集干系人的需求和期望。

分类与优先级评估：根据干系人的影响力和利益相关度进行分类，并评估他们的优先级。

制订沟通计划：为不同的干系人群体制订相应的沟通计划，包括沟通的频率、方式、内容和参与人员。

建立有效的沟通渠道：确保与干系人之间建立起有效的沟通渠道，如定期举行会议、发送更新通告等。

处理干系人的关切和冲突：及时对干系人的关切和冲突进行处理，采取调解和妥协的方式来解决。

监测和评估干系人满意度：定期对干系人的满意度进行监控和评估，根据反馈调整项目计划和管理策略。

持续关系管理：干系人的需求和期望可能会随时间变化，需要持续地了解干系人的变更情况，并及时调整交流策略。

利用项目章程和干系人登记册：项目章程授权项目经理使用组织资源，而干系人登记册记录了干系人的信息和评估。

干系人分析矩阵分析：使用干系人分析矩阵（见表 1-1）来指明项目需要建立的与各干系人之间的关系的种类。

表 1-1　干系人分析矩阵

干系人名称	影响力	利益	态度	期望	策略	行动计划
赞助商	高	高	积极	高	重点管理	定期沟通，满足期望
主办方	高	高	中立	中	保持满意	及时更新项目进展
参展商	中	高	积极	高	积极争取	提供优惠政策和支持
观众	低	中	积极	中	令其满意	提供高质量的体验
政府机构	高	低	中立	低	遵守规范	确保合规，适时沟通
媒体	中	中	积极	中	保持关系	积极宣传，建立良好关系
……						

通过上述分类与维护方法，会展项目管理人员可以有效地管理干系人，确保他们的需求和期望得到满足，从而提高项目成功的概率。

二、适用范围

适用于会议、展览、节事活动等会展项目干系人管理工作。无论项目的性质如何，都可能存在影响项目或受项目影响的各方人员。

三、人员分工

- **项目经理：**作为会展项目的核心负责人，项目经理负责制订整体项目计划、监控项目进度、管理项目预算，并确保项目的顺利进行。他们需要协调各方资源，与干系人保持紧密沟通，以达成项目目标。
- **项目团队成员：**项目团队成员是执行项目任务的核心力量，按照项目经理安排，进行会展项目干系人识别、登记、分析并制定相应管理策略，在项目执行过程中保持与项目干系人的联系沟通。

四、工作程序

具体流程参照图 1–6 干系人分析工作流程图。

1. 准备阶段：目标设定，明确干系人分析的目的和期望结果。资源分配，确定进行干系人分析所需的资源和人员。

2. 干系人识别与分类：收集信息，通过会议、文献、历史数据等收集潜在干系人信息。初步列表，创建干系人初步列表，包括个人、团体、组织等。影响力 / 利益评估，评估每位干系人的影响力和对项目结果的利益。分类，根据影响力和利益将干系人分类（如权力 / 利益矩阵）。

3. 干系人分析矩阵制作：创建矩阵，使用权力 / 利益、权力 / 影响等矩阵对干系人进行定位。评估，基于矩阵分析评估每位干系人的策略和行动计划。

4. 干系人沟通策略：沟通计划，制订与不同类别干系人沟通的策略和计划。信息定制，为不同干系人定制沟通信息和方式。

5. 干系人参与和反馈：参与机制，设计干系人参与项目的方式和机制。反馈收集，建立反馈渠道，收集干系人的意见和反馈。

6. 监控与调整：监控，定期监控干系人的态度和行为变化、管理干系人的期望、确保项目成果与期望相符。调整，根据监控结果调整干系人管理策略、维护与干系人的关系、处理冲突和问题。

7. 报告与记录：分析报告，撰写干系人分析报告、总结发现和建议。文档记录，记录干系人分析过程和结果、为未来项目提供参考。

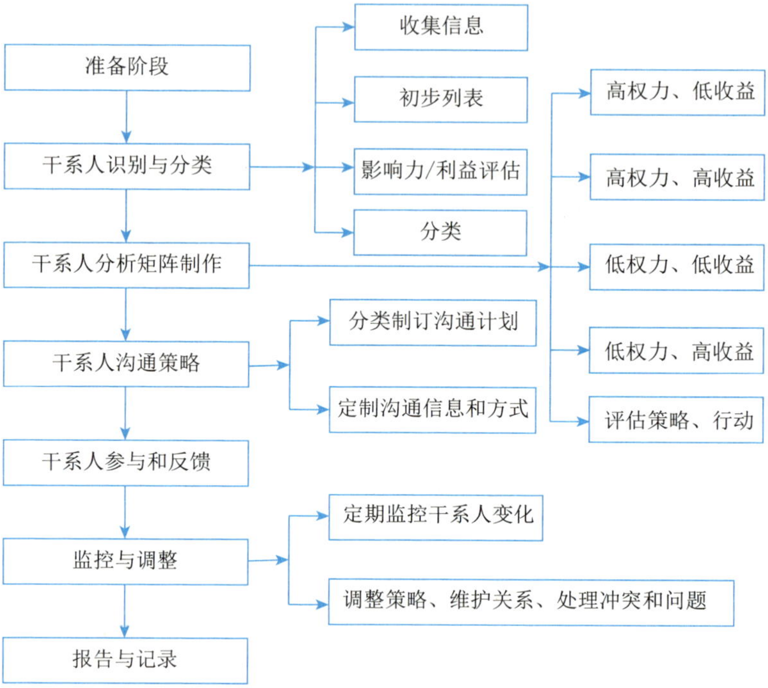

图 1-6　干系人分析工作流程图

五、相关任务记录表式

以下记录表式仅供参考，可以根据实际项目和需求进行增减和修改。

1500–01 会展项目干系人登记册

•1500–01 会展项目干系人登记册

会展项目干系人登记册

项目名称：________________　　准备日期：________________

姓名	职位	角色	联系信息	需求	期望	影响	分类
干系人姓名	在组织中的职位	在项目中的职能	沟通和通信信息	对项目 / 或产品的需求	对项目或产品的期望	对项目影响的程度和类型	对干系人的分类

续表

姓名	职位	角色	联系信息	需求	期望	影响	分类

● 1500-02 干系人分析矩阵

1500-02 干系人分析矩阵

干系人分析矩阵

项目名称：________________　　　　准备日期：________________

把在项目中高权力、低收益的干系人放在此处	把在项目中高权力、高收益的干系人放在此处
把在项目中低权力、低收益的干系人放在此处	把在项目中低权力、高收益的干系人放在此处

课后实训任务

1）完成干系人分析项目的实训工作分解和人员分工；

2）完成项目干系人分析的实训工作进度计划表；

3）具体实施过程中，利用相关表式，完成过程性记录；

4）干系人分析实训结束后，完成阶段实训项目复盘与评价工作。

（具体表式设计可以参考“先导二　会展项目管理实训设计”）

项目6 项目章程制定

一、项目目的

项目章程的发布代表着正式宣布项目的存在，对项目的开始实施赋予合法地位。同时，粗略地规定项目的范围，这也是项目范围管理后续工作的重要依据。并正式任命项目经理，授权其使用组织的资源开展项目活动的权利。会展项目章程是会展项目管理的基石，它为项目的启动、执行、监控和收尾工作提供基本的指导和依据，确保项目按照既定的方向和目标推进。

知识小贴士

项目章程的制定规范

项目章程是证明项目存在的正式书面说明和证明文件，由高级管理层签署。主要包括两方面内容：一是项目满足的商业需求；二是产品描述。通常也会包括对项目经理、项目工作人员、项目发起人和高层管理人员在项目中承担的主要责任和任务的描述。制定会展项目章程时，应遵循以下规范：

1. 项目目的明确性：项目章程应明确会展项目的宗旨和立项依据，这有助于确保所有项目活动都围绕核心目标进行。

2. 项目目标具体化：设定具体、可测量的项目目标和相关的成功标准，包括项目绩效考核的具体方法和指标。

3. 高层级需求描述：包括可能的假设条件与制约因素，确保项目团队对项目的基本需求有清晰的认识。

4. 项目范围和边界定义：明确项目包括哪些活动，不包括哪些活动，以及定义可交付成果的数量和质量。

5. 风险评估与管理：识别整体项目风险，包括主要不确定因素的来源及正面和负面风险的定性估计，并制订相应的风险应对计划。

6. 财务预算和资源分配：预先批准的财务预算，指明项目总预算，以及资金到位的方式与节奏。

7. 项目里程碑和进度计划：包括阶段关口，核实（确认）可交付成果的时间节点。

8. 关键相关方识别：列出关键相关方名单，包括对项目有重大影响的个人或团体，并明确他们的角色和职责。

9. 审批和退出标准：明确项目审批要求和项目退出标准，包括评价标准和评价方法。

10. 项目经理的职责和职权：明确委派的项目经理姓名、职责和职权，确保项目经理得到适当的授权和资源。

11. 章程批准人：记录项目发起人或其他批准项目章程的人员姓名和职权，确保项目的正式性和权威性。

12. 沟通计划：制订项目沟通的策略和计划，确保信息的有效流通。

13. 遵循项目协议：遵循项目协议中的相关条款，如质量标准、变更请求处理、终止条款等。

14. 适应性和灵活性：灵活适应项目实施过程中可能出现的变化。

15. 文档化和正式化：以正式文件的形式呈现，以便于项目的正式记录和存档。

16. 合规性：确保项目章程符合相关的法律法规和组织政策。

17. 项目启动决策依据：基于项目的起始决策，如项目的可行性分析结论和项目主要目标等。

这些规范有助于确保项目章程的全面性和实用性，为会展项目的成功提供坚实的基础。

二、适用范围

适用于会议、展览、节事活动等会展项目管理工作，是确保项目团队成员、利益相关者和项目发起人之间共享一致愿景和目标的重要工具。项目章程多由项目出资人或项目发起人制定和发布，也可以是项目的用户及政府、社会团体等发起组织。

三、人员分工

- 项目发起人：通常由公司的高层管理人员或项目投资者担任，负责批准项目的启动和提供必要的资源。

● **项目经理**：负责整个会展项目的规划、执行和监控，确保项目目标的实现。项目经理通常是负责制定项目章程的主要人员。

四、工作程序

具体流程参照图 1–7 会展项目章程制定工作流程图。

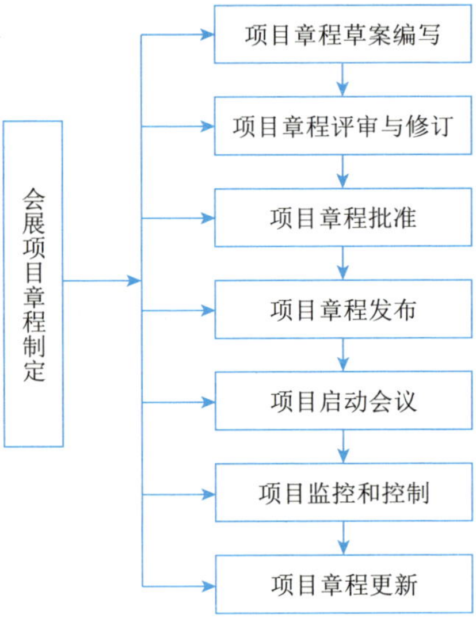

图 1–7　会展项目章程制定工作流程图

1. 项目章程草案编写：根据收集的信息，编写项目章程的初稿。

2. 项目章程评审与修订：与项目团队和关键利益相关者一起评审项目章程草案，收集反馈，并根据反馈对项目章程草案进行必要的修订。

3. 项目章程批准：将最终的项目章程提交给项目发起人或赞助人进行正式批准。

4. 项目章程发布：将批准后的项目章程正式发放给所有项目团队成员和利益相关者。

5. 项目启动会议：召开项目启动会议，向团队成员介绍项目章程，并正式启动项目。

6. 项目监控和控制：在项目执行过程中，使用项目章程作为主要参考，监控项目进展和控制偏差。

7. 项目章程更新：如有必要，根据项目进展和变更请求对项目章程进行更新，并重新获得批准。

制定会展项目章程是一个迭代和协作的过程，需要项目团队和利益相关者的共同参与。项目章程一旦被批准，将成为项目所有决策和行动的基础。

五、相关任务记录表式

以下记录表式仅供参考，可以根据实际项目和需求进行增减和修改。

1600-01 会展项目章程

- **1600-01 会展项目章程**

××会展项目章程

项目名称：______________________

项目发起人：______________　　　　准备日期：______________

项目经理：______________　　　　项目客户：______________

项目目的或理由：

确定承担项目的原因。这部分可以是商业论证、组织的战略规划、外部因素、执行项目的合同、其他所有文件或理由

项目描述：

提供对项目的总体描述。这部分除了说明完成项目的方法外，还可以包括高水平产品和项目可交付的信息

高水平项目和产品需求：

定义使项目的目的圆满实现的高水平的条件或能力，描述能够满足干系人的需求和期望的产品特性和功能。这部分不用描述需求的细节，因为它们会在需求文件中具体描述

总预算：

列出估算的启动阶段的花费

启动风险：

描述启动项目的风险。这部分以后会在项目规划开始时被假如到风险登记册中

里程碑总表	到期日
列出项目的重要事件，包括关键可交付成果的完成，一个项目阶段的开始或结束，以及产品验收	里程碑完成日期

项目目标	成功标准	批准人

范围：

描述为获得项目预期收益所必需的范围的文件	决定项目范围目标成功完成的明确的、可测量的标准	对范围目标具有签字决定权的人的姓名及其职位

时间：

描述项目及时完成时间目标的文件	决定项目进度计划成功完成的明确的日期	对项目进度计划目标具有签字权的人的姓名及其职位

成本：

描述项目花费目标的文件	定义预算目标成功实现的明确的花费或花费范围	对成本目标具有签字权的人的姓名及其职位

质量：

描述项目质量目标的文件	项目或产品必须满足的明确的测量目标	对质量目标具有签字权的人的姓名及其职位

其他：

所有其他与项目有关的各类目标	定义成功达到目标的相关的明确的、可测量的标准	对相关目标具有签字权的人的姓名及其职位

验收标准：

确定项目可以被客户或项目发起人接受的必须满足的标准

项目经理职权层级

人员配备决策：

定义项目经理雇用、解雇、惩罚、接受或不接受员工的职权

预算管理和偏差：

定义项目经理支付、管理和控制项目经费的职权，包括需要申请批准的费用偏差水平或重新制定基准的情况

技术决策：

定义项目经理对项目可交付成果或实施方法制定技术决策时的权力

冲突解决：

定义项目经理在团队、组织和外部干系人中解决冲突的职权

超出职权范围的申请途径：

定义超出项目经理职权范围的解决事件的申请途径

批准：

项目经理签字	发起人或委托人签字

项目经理姓名　　　　　　　　　　　　发起人或委托人姓名

1600-02 会展项目启动会议纪要

• 1600-02 会展项目启动会议纪要

××会展项目启动会议纪要

会议主题：[项目名称]启动会议

会议时间：[具体日期和时间]

会议地点：[具体地点或线上会议链接]

会议主持人：[主持人姓名]

记录人：[记录人姓名]

参会人员：[列出所有参会人员的姓名和职位]

会议议程：

1. 项目概述
2. 项目目标和预期成果
3. 项目团队介绍
4. 项目时间表和里程碑
5. 项目预算和资金来源
6. 项目风险评估和管理
7. 项目沟通计划
8. 项目启动行动计划
9. 其他事项
10. 会议总结

会议内容摘要：

1. 项目概述：[项目背景、目的和重要性等信息]
2. 项目目标和预期成果：[具体的目标和预期成果]
3. 项目团队介绍：[介绍项目团队成员及其职责]
4. 项目时间表和里程碑：[列出项目的主要阶段和关键日期]
5. 项目预算和资金来源：[预算概览和资金来源说明]
6. 项目风险评估和管理：[识别的主要风险及应对策略]
7. 项目沟通计划：[沟通渠道、频率和责任人]
8. 项目启动行动计划：[启动阶段的具体任务和责任分配]
9. 其他事项：[会议中提出的其他重要事项]

10. 会议总结：[会议达成的共识和下一步行动计划]

行动项：

- [行动项 1] – 责任人：[姓名] – 截止日期：[日期]
- [行动项 2] – 责任人：[姓名] – 截止日期：[日期]
- [其他行动项……]

附件：

- [如有会议相关的文件或资料，列出附件名称]

备注：

- [其他需要记录的信息或备注]

课后实训任务

1）完成项目章程制定的工作任务分解和人员分工；

2）撰写项目章程；

3）具体实施过程中，利用相关表式完成过程性记录；

4）章程制定实训结束后，完成阶段实训项目复盘与评价工作。

（具体表式设计可以参考“先导二　会展项目管理实训设计”）

总结与反思

1. 谈一谈会展项目可行性研究报告应包括哪些方面？
2. 会展项目章程都包含哪些部分？
3. 如何识别会展项目的干系人？

过程二

项目规划阶段

思维导图

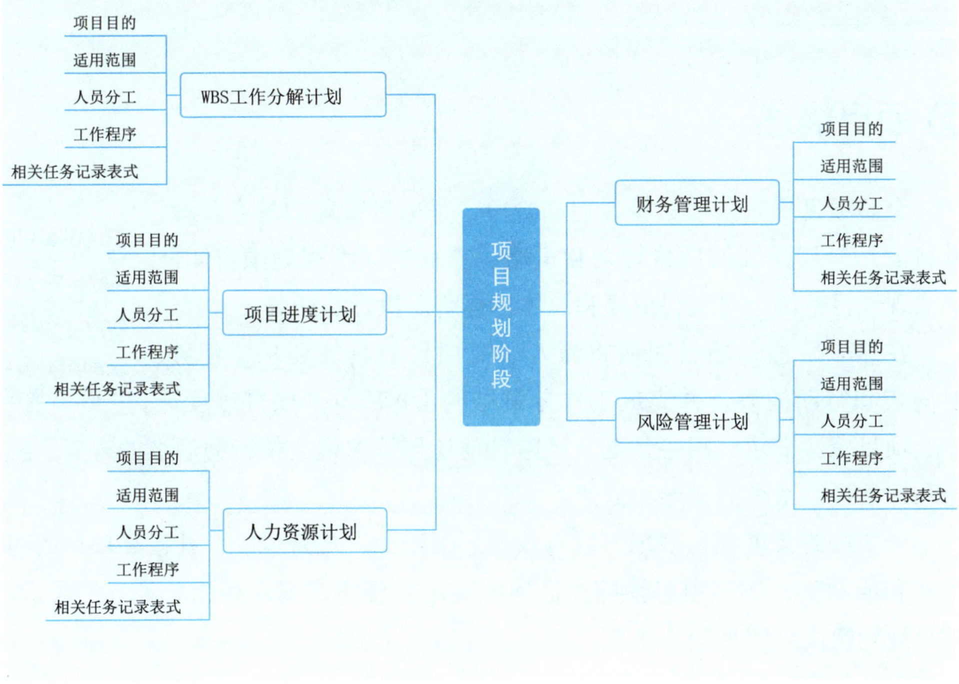

学习目标

通过本项目的学习，学生应该能够达到的知识、能力、素质目标如下：

1. 掌握本项目的相关知识点，了解会展项目规划的基本概念和原则；

2. 掌握项目规划阶段工作的相关技能，如项目需求分析、目标设定、项目章程的制定等。学会有效地进行项目计划，包括任务分解、时间估算、进度安排、资源分配等；

3. 掌握进度计划、人力资源计划、财务管理计划、风险管理计划的一般工作流程和工作要点，能够运用相关表格进行工作的开展；

4. 培养合理分组分工，落实任务和职责，培养项目落地规划的能力，具备团队协作、严谨求实、吃苦耐劳、勇于创新的职业素养；

5. 培养“凡事预则立，不预则废”的行业意识，养成积极主动对项目进行分解、控制、调控的项目规划职业素养。

项目描述

微课

会展项目规划阶段工作描述

会展项目规划阶段紧接着启动阶段，是项目管理的核心阶段。其目的是制订详细的项目计划和策略，重点是详细规划项目团队为实现项目范围、可交付成果和总体目标所需执行的任务。

在这个阶段，项目团队将深入研究项目的具体要求、任务、时间表和行动内容，并完成工作分解结构（WBS）、项目进度计划、项目资源需求、财务计划、风险管理计划等关键文档，为后续的筹备、执行和评估提供清晰的指导和框架。

一个好的会展项目规划可以有效地分配资源、规避风险，并提高项目的可控性和成功率，达到项目预期的目标，满足参展商、观众和相关各方的需求。项目规划阶段分解见图 2-1。

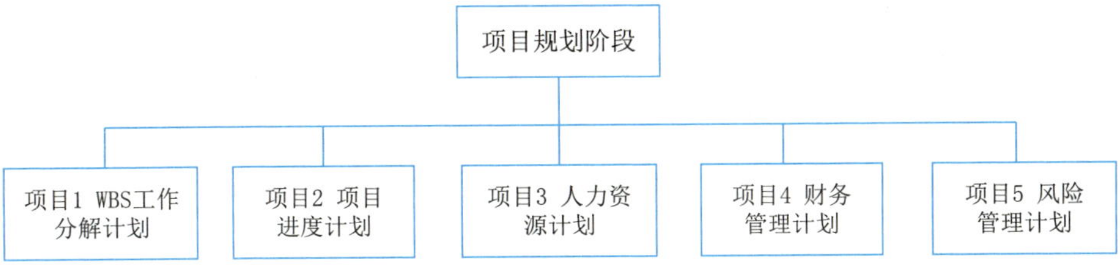

图 2-1　项目规划阶段分解

典型工作结构分解

项目 1　WBS 工作分解计划

一、项目目的

微课

会展项目规划知识小贴士

WBS 工作分解是为了帮助确定项目范围和任务分解。项目经理利用科学的分解方法，明确项目的范围，并将其分解为更小的任务，建立任务之间的关系和依赖。厘清整个会展项目结构，了解会展项目全貌。通过分析每个节点可以统筹整个会展项目所需的人力、时间、成本。细分项目范围，为项目划清界限。当提出需求时，能清晰地分辨出所提出需求为新增需求还是变更需求，便于会展项目管理者管理项目。

知识小贴士

WBS 的构建过程、方法和要求

WBS 的分解层次可以根据会展项目的复杂程度和需求而定，一般从会展项目的总体目标开始，逐步细分为子目标、任务、子任务等。每个较低层次的工作项都是上一层次工作项的细分和具体实现。对 WBS 的工作分解在会展项目管理中起到重要的组织和规划作用，有助于提高项目的效率、管理透明度和成功可能性。

一、WBS的构建过程

（1）确定项目目标和范围：明确项目要达成的最终目标，确定项目包含的所有工作内容及其边界。

（2）一级分解：将项目整体目标分解为若干个主要的组成部分或阶段，形成WBS的第一层，通常对应项目的主要工作领域或阶段。

（3）逐层细化：对第一层的每个元素继续分解，将其细化为更具体、更可操作的子任务或工作包，形成第二层、第三层等。每下一层的元素应是对上一层元素的进一步细化，直到达到足够详细、可以直接分配给团队成员执行的程度。

（4）确定工作包：在最低层（通常称为工作包层级），每个元素应代表一项具体的、可管理的工作，具有明确的可交付成果、责任人、工期和成本估算。

（5）编码和命名：为每个WBS元素分配唯一的编码和简洁明了的名称，便于识别和管理。

（6）审核与确认：完成WBS构建后，应组织项目团队及相关方进行审核，确保其完整、准确、无冗余，符合项目目标和范围要求，获得各方一致认可。

二、WBS的构建方法

（1）自上而下法：从项目的目标开始，逐级分解项目工作，直到参与者认为项目工作已经充分得到定义。该方法由于可以将项目工作定义在适当的细节水平，对于项目工期、成本和资源需求的估计比较准确。

（2）自下而上法：是要让项目团队成员从一开始就尽可能地确定与项目有关的各项具体任务，然后将各项具体任务进行整合，并归总到一个整体活动或WBS的上一级内容中去。自下而上法一般都很费时，但这种方法对于WBS的构建来说效果特别好。对于那些全新系统或方法的项目，项目经理经常采用这种方法，或者用该法来促进全员参与及项目团队的协作。

（3）头脑风暴法：集思广益，确定工作包。

（4）类比法：参考类似项目的WBS。

（5）询问专家法：向领域专家请教。

（6）发散归纳法：如果系统思考有困难，不如先想到什么就记下来，然后再不断补充、不断归纳。如果是一个团队，可以让成员一开始尽可能地确定各项具体任务，然后将各项具体任务进行整合。有了这些零散的思路，再归纳就相对容易了。

（7）使用指导方针：如果存在 WBS 的指导方针，那就必须遵循这些方针。

三、WBS 的构建基本要求

（1）某项任务应该在 WBS 中的一个地方且只应该在 WBS 中的一个地方出现。

（2）WBS 中某项任务的内容是其下所有 WBS 项的总和。

（3）一个 WBS 项只能由一个人负责，即使许多人都可能在其上工作，也只能由一个人负责，其他人只能是参与者。

（4）WBS 必须与实际工作中的执行方式一致。

（5）应让项目团队成员积极参与构建 WBS，以确保 WBS 的一致性。

（6）每个 WBS 项都必须文档化，以确保准确理解已包括和未包括的工作范围。

（7）WBS 必须在根据范围说明书正常地维护项目工作内容的同时，也能适应无法避免的变更。

二、适用范围

适用于会议、展览、节事活动等会展类项目的规划管理，是会展项目计划和控制的基础，可帮助团队有效地管理和执行项目工作。

三、人员分工

- **项目经理：**组织召开定期会议，对工作进行研讨，制定项目整体目标，确定 WBS 分解具体工作的范畴，监督和指导项目工作的开展，对 WBS 的工作分解进行指导等。
- **项目主管：**协助项目经理，对项目分板块工作进行负责，并根据经验协助进行工作 WBS 的任务分解，明确子任务的目标，并对详细工作进行细分并实时汇报项目的进程。
- **分部门主管：**根据项目任务的安排进行 WBS 编码，并根据 WBS 编码落实团队进行每个阶段的具体相关工作和人员安排，且指导开展具体的工作。

四、工作程序

具体工作流程参照图 2-2 WBS 工作流程图。

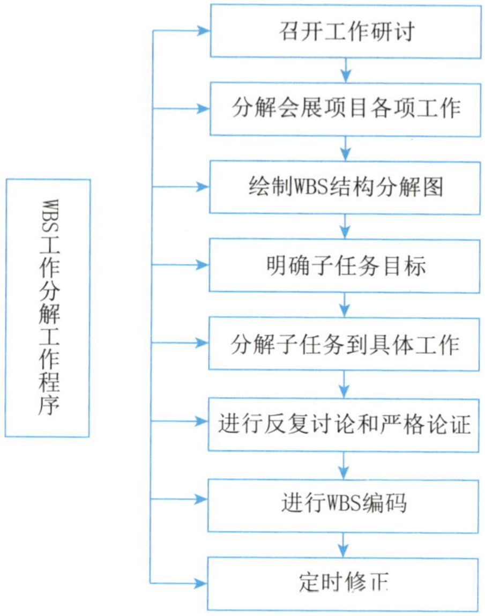

图 2-2　WBS 工作流程图

1. 召开工作研讨：根据会展项目目标召开与此项会展项目有关的人员的会议，集体讨论所有主要工作事项。

2. 分解会展项目各项工作：根据讨论，进行会展项目具体工作的分解。如果曾经举办过此项会议或展览，可以套用原来的样板。如果是新开发的会议和展览项目，则应该根据会展项目的具体情况启用新的样板。

3. 绘制 WBS 结构分解图：根据工作的分解，画出相应的树状图（也就是 WBS 结构分解图）。

4. 明确子任务目标：根据 WBS，对每个子任务进行描述，并确定每个任务的生命周期。

5. 分解子任务到具体工作：将主要子任务分解成更细、更便于管理的工作内容。例如，对展前准备工作进行详细划分，分解为确定项目目标、制订营销方案、实施营销计划、确定服务承包商、租用会展中心。而制订营销方案又可分为准备宣传材料、确定营销对象、选择营销方式、确定营销组合、执行营销计划等工作。对于每一项工作的分解必须能详细到可以对该项工作进行成本的估算、安排进度、分配负责人员的程度。

6. 进行反复讨论和严格论证： 验证以上项目工作分解是否正确。是否存在某些还没有划分成更细的任务，是否有的任务没有必要为其分配独立的人员和其他资源。如果存在这样的情况，还要对所做的项目分解结构做进一步的修改。

7. 进行 WBS 编码： 在验证分解完全正确之后，建立一套编号系统。

8. 定时修正： 随着其他计划编制活动的进行，对 WBS 做进一步的修改。

五、相关任务记录表式

以下记录表式仅供参考，可以根据实际项目和需求进行增减和修改。

2100-01 项目
WBS 分解图

- **2100-01 项目 WBS 分解图**

××项目WBS分解图

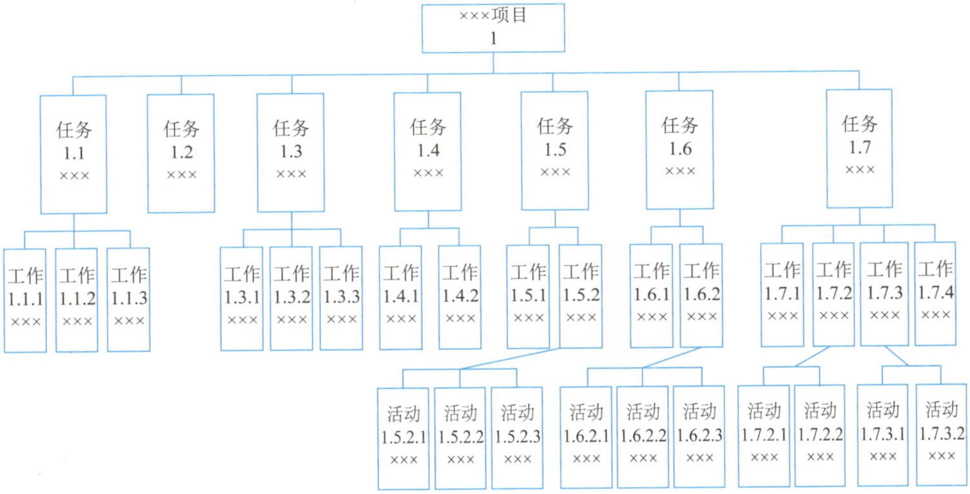

•2100-02 WBS 词典

2100-02
WBS 词典

项目WBS词典

项目名称：____________　　准备日期：____________

工作包名称：来自 WBS	WBS 编号：来自 WBS
工作描述： 被交付的工作描述要足够详细，以保证所有干系人都能明白	
里程碑： 1. 列出所有工作包有关的里程碑 2. 3.	到期日： 列出里程碑的到期日期

编号	任务	资源	人　工			物　资			总成本
			小时	单价	合计	数量	成本	合计	
1.	来自行动列表或进度计划	来自资源需求	总小时数	人工单价	小时×单价	总量	单价	数量×成本	人工+物资
2.									

质量需求：
用质量测量指标检验可交付成果

验收标准：
用于验收 WBS 单元的标准

技术信息：
技术信息，或者是可供参考的包含技术信息的技术文档

合同信息：
包括约束、资源信息和其他相关信息在内的与合同有关的信息

• 2100-03 任务资源需求

2100-03 任务资源需求

任务资源需求

项目名称：____________　　准备日期：____________

WBS 编号	资源类型	数　量	说　明
来自 WBS	人员、设备、材料、供给、地点和其他	需要的数量	包括等级、资格、认证、许可和其他必需的相关信息
假设：			

课后实训任务

1）完成 WBS 工作分解项目的实训岗位设置与工作任务分配；

2）完成 WBS 工作分解项目的实训工作进度计划表；

3）具体实施过程中，利用相关表式完成过程性记录；

4）WBS 工作分解项目实训结束后，完成阶段实训项目复盘与评价工作。

（具体表式设计可以参考“先导二　会展项目管理实训设计”）

项目 2 项目进度计划

一、项目目的

项目进度计划是项目活动和任务的时间表和顺序，目的是为项目执行提供方向，规划项目应该如何实施，以及何时交付。项目进度计划能让利益相关者知道实施项目的原因和目的；为所要达成的目标设定一个时间限制，让团队的每个成员在什么时候需要完成哪些任务，在计划中应该设置多少时间点，以及什么时候可以交付最终的产品和服务；能让项目成员知道他们负责什么任务及每个任务的耗时。

知识小贴士

常用的项目进度计划工具

利用科学的工具和方法，可以更快更好地完成项目进度计划工作，并根据进度和未预见的发展情况进行分析。可用表格形式，也可以用图示法表示。常用的项目进度计划工具有以下几种：

（1）有日期信息的项目网络图：这些图能显示出项目间前后次序的逻辑关系，同时也显示项目关键路径与相应的活动。

（2）条形图：也称“甘特图”，该图显示了活动开始和结束的日期，也显示了期望活动时间，但图中显示不出相关性。条形图易读，通常用于直观显示。

（3）重大事件图：类似于条形图，可显示出主要工作细目的开始和完成时间。

（4）有时间尺度的项目网络图：是项目网络图和条形图的一种混合图，显示了项目的前后逻辑关系、活动所需时间和进度方面的信息。

二、适用范围

适用于会议、展览、节事活动等会展类项目的进度计划管理工作。项目经理需要根据任务分解结果，确定任务的开始和结束时间，并建立任务的关系和依赖。

三、人员分工

- **项目经理：** 项目经理利用项目管理工具对项目进行整体安排，并对不同类别的工作进度进行统筹，顺利推进整个项目。
- **项目主管：** 对项目具体事项各个阶段和节点进行统筹，确定项目的重要里程碑事件和节点，根据具体情况对项目的进度进行统筹，定期追踪任务的推进，协助分析解决进度跟不上的原因，根据项目的情况做出适当的调整。
- **项目执行：** 对任务推进负责，按照计划要求，分步推进工作，定期汇报工作的进展，对工作过程中出现的意外或突发事件第一时间进行汇报，以求得计划的改变。

四、工作程序

具体工作流程参照图 2–3 项目进度计划工作流程图。

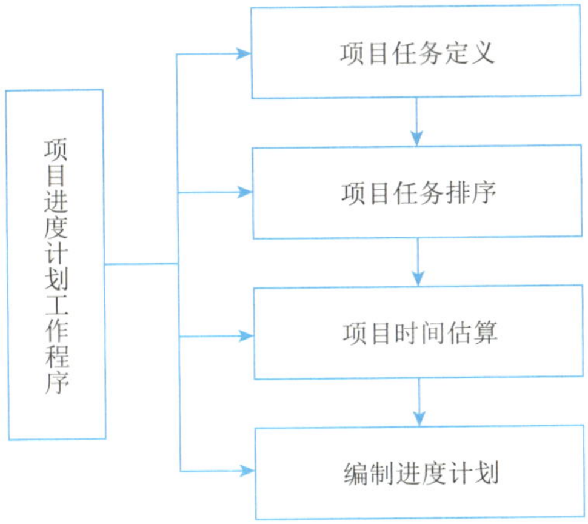

图 2–3　项目进度计划工作流程图

1. 项目任务定义： 一个项目被分解为多个子任务，将子任务进一步分解，则得到完成项目任务的基本工作或活动，即项目实施过程中最基本的工作单元，位于 WBS 的最底层。

2. 项目任务排序： 项目任务排序是制订进度计划的前提，项目管理人员必须指导每项工作的先后顺序，再结合完成每项工作所需的时间，才能制订具体的进度计划。

3. 项目时间估算： 为了确保会展项目以合理的进度执行，需要科学估算承办会展项目所需的时间。会展项目时间估算的内容包括两个方面：每项活动的持续时间和会展项目的总时长。

4. 编制进度计划： 编制会展项目进度计划的主要任务是确定各项活动的起始日期、完成日期、工作内容等。

五、相关任务记录表式

以下记录表式仅供参考，可以根据实际项目和需求进行增减和修改。

2200-01 项目任务清单

- **2200-01 项目任务清单**

××项目任务清单

项目名称：________________　　　准备日期：________________

编　号	任　务	工作描述
根据 WBS 工作分解中的任务编号或进度计划中的任务编号	任务名称	活动描述要足够详细，以便人们能够在工作中充分理解需要完成的任务
……		

•2200-02 项目进度计划表

2200-02 项目进度计划表

××项目进度计划表

文档编号：________　　制表人：________　　制表时间：________

序号	活动内容	计划开始时间	计划结束时间	计划工期	负责人	配合人	备注

•2200-03 里程碑清单

2200-03 里程碑清单

××项目里程碑清单

项目名称：________________　　准备日期：________________

里程碑	里程碑描述	类　型
里程碑名称	里程碑描述要足够详细，以使人能理解应满足里程碑的什么需求	可选择的或强制性的、内部的或外部的、临时的或最终的
……		

课后实训任务

1）完成进度计划项目的实训岗位设置与工作任务分配；

2）完成进度计划项目的实训工作进度计划表；

3）具体实施过程中，利用相关表式完成过程性记录；

4）进度计划项目实训结束后，完成阶段实训项目复盘与评价工作。

（具体表式设计可以参考“先导二　会展项目管理实训设计”）

项目 3 人力资源计划

一、项目目的

会展项目要顺利实施，必须有适当的人力资源计划，确保各类工作岗位在适当的时机，获得适当的人员（包括数量、质量、层次和结构等），实现人力资源与其他资源的最佳配置，有效地激励员工，以人为本最大限度地开发和利用人力资源潜力，从而最终实现员工、企业、客户、社会利益一致基础上的企业经济和社会效益最大化。

知识小贴士

如何撰写人力资源规划书？

人力资源管理特别需要注重事前和过程中的激励开发，以达到人事相宜、1+1 > 2 的人力资源管理效果。人力资源规划是各项具体人力资源管理活动的起点和依据，它直接影响着项目整体人力资源管理的效率。

通过人力资源规划书，一方面能够了解项目的人力资源状况及需求情况，灵活选择聘用方式，并充分利用项目现有的人力资源，吸引并保持一定数量的具备特定技能、知识结构和能力的专业人才，另一方面可为人力资源管理提供重要信息及决策依据。一般来说，人力资源规划书的内容包括以下几个方面：

规划时间段：确定规划时间的长短，要具体列出从何时开始、到何时结束。若是长期的人力资源规划，可以长达 5 年以上；若是短期的人力资源规划，如年度人力资源规划，则为 1 年。

规划达到的目标：确定达到的目标要与组织的目标紧密联系起来，最好有具体的数据，同时要简明扼要。

情景分析：主要是在收集信息的基础上，分析组织人力资源的供需状况，进一步制订该计划的依据。

未来情景分析：在收集信息的基础上，在计划的时间段内，预测组织未来的人力资源供需状况，进一步指出制订该计划的依据。

具体内容：这是人力资源规划书的核心部分，主要包括项目内容、执行时间、负责人、检查人、检查日期、预算等。

规划制订者：规划制订者可以是一个人，也可以是一个部门。

规划制订时间：主要指该规划正式确定的日期。

系统调整规划的评估：在实施人力资源规划的同时，要进行定期与不定期的评估。可从如下三个方面进行：是否忠实执行了本规划？人力资源规划本身是否合理？将实施的结果与人力资源规划进行比较，通过发现规划与现实之间的差距来指导以后的人力资源规划活动。

二、适用范围

适用于会议、展览、节事活动等会展类项目的人力资源管理工作。

三、人员分工

- **人力资源部经理：**根据各个项目组的人员需求进行公开人员招募，对招募的员工和志愿者进行公司基本培训和项目基础培训。
- **项目经理：**根据项目性质进行项目小组的分工和任务的分配，合理的人员分工有助于工作效率和质量的提升，确保各项任务顺利进行。
- **项目主管：**对具体的项目小组人员搭配进行调整，通过有效方式积极沟通，营造良好的团队协作氛围，积极发现项目合作过程中隐藏的问题。
- **项目执行：**根据任务的分配，积极完成工作，对工作人手不足、矛盾冲突的地方积极汇报。
- **志愿者：**遵循项目经理的安排，对分配的岗位工作负责。

四、工作程序

具体工作流程参照图 2–4 人力资源计划工作流程图。

1. 人力需求分析：评估会展项目的规模和复杂程度，预估人员需求，包括组织结构、人数、质量的需求，即摸清完成项目对人员的真实需求状况。

2. 人员盘点：确定了需求之后，要对现有人员状况进行盘点，包括盘点组织结构、人数、人员质量。

3. 分析实际人员缺口：通过人员需求和人员现状之间的对比，能够很快发现实际缺口。

4. 制订人力资源计划： 根据人员现状，对外明确招聘人员的角色和职责，确定招聘人员的要求、渠道和程序，对内制订人员重组计划，针对内部员工角色和职责的变化，制订晋升、培训计划。

5. 保持项目组有效沟通： 及时了解项目组人员的工作情况，解决工作过程中的沟通困难、沟通无效等情况。

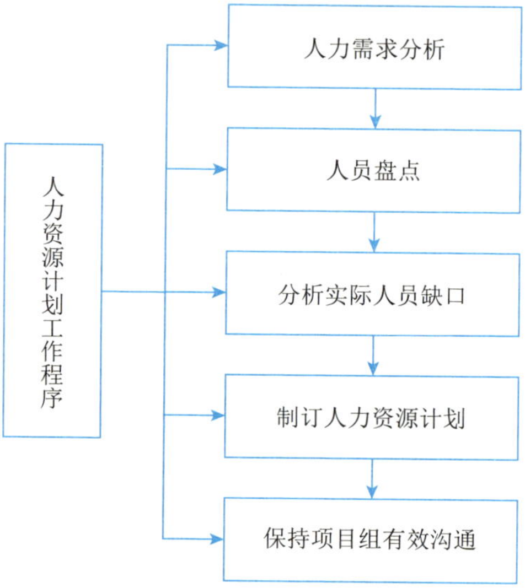

图 2-4　人力资源计划工作流程图

五、相关任务记录表式

以下记录表式仅供参考，可以根据实际项目和需求进行增减和修改。

2300-01 项目角色和职责

•2300-01 项目角色和职责

项目角色和职责

项目名称：＿＿＿＿＿＿＿＿　准备日期：＿＿＿＿＿＿＿＿

角色描述：

提供角色或工作的名称，以及对角色的简单描述

职权：

定义角色制定决策的权限，如选择工作方法、管理冲突、确定优先权、奖励和惩罚等，也明确汇报的层次结构

职责：

定义角色所承担的义务及对最终产品、服务或结果应做的贡献。例如，工作职责、涉及的过程

资格：

描述满足角色要求必须具备的先决条件、经验、执业证书或其他资格

能力：

描述工作技能或能力，可以包括对语言、技术的详细要求或成功完成角色职责所必需的其他信息

•2300–02 人力管理计划

2300–02 人力管理计划

人力管理计划

人员招募：

描述人员如何被带入项目，描述内部招募的团队成员和外包的团队成员的所有区别

人员遣散：

描述如何从团队遣散团队成员，包括知识转移、对内部或外包的团队成员的鉴定

资源日历：

显示所有不寻常的资源日历，如团队成员被压缩的工作周、假期和时间约束

培训需求：

描述所有掌握设备、技术或公司流程所需要的培训

认可与奖励：

描述所有认可与奖励流程或限制

规则、标准和政策：

描述所有被使用的规则、标准和政策，说明应如何遵守

安全：

描述所有的安全规则、设备、培训和流程

●2300–03 项目组织架构图

2300–03 项目组织架构图

项目组织架构图

项目名称：________________　　准备日期：________________

项目组织结构：

插入项目的组织架构图

课后实训任务

1）完成人力资源计划管理工作的实训岗位设置与工作任务分配；

2）完成人力资源管理项目的实训工作进度计划表；

3）具体实施过程中，利用相关表式完成过程性记录；

4）人力资源计划实训结束后，完成阶段实训项目复盘与评价工作。

（具体表式设计可以参考“先导二　会展项目管理实训设计”）

项目4 财务管理计划

一、项目目的

确保会展项目的财务安全和利润最大化、股东财富最大化和企业价值最大化。财务管理计划涉及对会展项目进行财务规划、预算、控制和监督，以提高会展项目的经济效益，降低风险，保障会展项目的顺利进行。

知识小贴士

财务管理是指对会展项目资金的筹集、运用和分配的管理，以及利用货币价值形式对项目的经营活动进行综合性的管理行为。

其中，筹资管理，即从多种渠道、采用多种方式为项目的运营筹集资金；投资管理，即对全新的投资项目进行可行性分析研究；成本费用管理，即对资金耗费进行管理，尽可能降低成本费用从而提高项目利润；财务预算，即对各部门的项目进行财务预算控制，合理控制资金的使用；财务分析，即为财务报表做出分析与解释，服务于企业管理层的经营决策。

二、适用范围

适用于会议、展览、节事活动等会展类项目的财务管理工作。会展财务管理的内容包括筹资管理、投资管理、成本费用管理、财务预算、财务分析等方面，通过对这些方面的有效管理，可以为项目带来更好的经济效益和发展前景。

知识小贴士

在进行成本估算时，会展项目经理往往会在经验估算法和资料统计法的基础上，将自上而下估算法和自下而上估算法结合起来使用。

例如，某展览项目经理首先让基层经理统计部门所需，各个部门经理将费用逐层向上汇总，最终得出项目的总成本，这是运用了自下而上估算法。然后，项目经理将预计能获得的成本估算数额与运用自下而上估算法得到的项目总成本相比较，如果没有超支，则不做调整，如果超支，就需要项目经理核查各部门的费用申请，尤其是费用较多的活动。最后，项目经理在各部门费用申请的基础上，根据项目的整体成本数额进行调整，并将调整后的数值反馈给各部门，并逐层分解到各底层执行人员，这是运用了自上而下估算法。

三、人员分工

- **财务总监：**制定财务管理策略，确保财务活动的合规性和高效性，负责全面监督和管理会展项目的财务工作。
- **财务经理：**协助财务主管处理其他财务相关工作，负责日常会计事务，如记账、凭证管理、报表编制等，分析财务数据，提供财务分析报告，为管理层决策提供支持。
- **项目经理：**负责整体项目的策划、执行和监控，确保项目按预定目标和时间推进，与财务团队紧密合作，确保项目预算的合理制定和执行，协调各部门资源，保障项目顺利进行。
- **销售经理：**负责会展项目的销售和市场推广工作，确保展位和广告等收入达到预期，提供销售预测和市场分析报告，为财务团队制定预算提供参考。

四、工作程序

具体工作流程参照图 2–5 财务管理计划工作流程图。

1. 运用先期资料进行财务预测，制订筹资方案，确立预算方案。
2. 深入实施项目利润预测及分析工作。
3. 严谨对待预算审核流程以保证合理性。
4. 向各个职能部门传送完整的财务计划。
5. 实时监控财务执行状况。
6. 各职能部门详尽制订采购管理计划。
7. 编制财务报告，系统全面地总结项目财务状况，对财务管理成果予以科学评估。

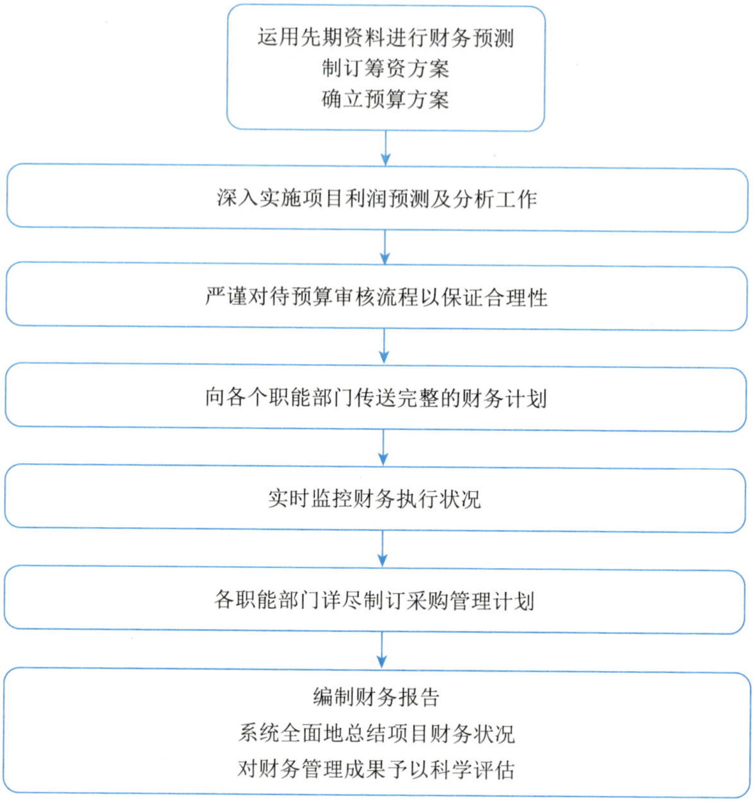

图 2-5 财务管理计划工作流程图

五、相关任务记录表式

以下记录表式仅供参考，可以根据实际项目和需求进行增减和修改。

● 2400-01 自上而下的成本估算表

2400-01 自上而下的成本估算表

自上而下的成本估算表

项目名称：______________________ 准备日期：______________________

WBS 编号	资源	直接成本	非直接成本	储备	估算	方法	假设/约束	附加信息	范围	置信水平
来自WBS	资源的类型、人力、物资等	与项目有关的成本	非直接成本	应急储备的数量	近似成本	使用的方法，如参数估算法、类比估算法等	在估算中使用的所有假设，如每小时人力成本	质量成本、利率或其他信息	估算的范围	在估算中的置信度

● 2400-02 自下而上的成本估算工作表

2400-02 自下而上的成本估算工作表

自下而上的成本估算工作表

项目名称：______________________ 准备日期：______________________

WBS 编号	人工时间	人工比率	总人工	物资	供给	设备	差旅	其他直接成本	非直接成本	储备	估算
来自WBS	根据估算得出的持续时间	用小时、天或固定的比率	小时×比率	根据报价	根据报价	根据报价	根据报价	近似值	根据公司规定	近似值	所有成本之和

● 2400-03 采购管理计划

2400-03 采购管理计划

采购管理计划

项目名称：________________ 准备日期：________________

采购职权：

描述项目经理的决策权和所受到的限制，至少包括：预算、签字的权限、合同变更、谈判

角色和责任：

项目经理： 1. 描述项目经理和他的团队的责任 2. 3.	采购部门： 1. 描述采购部门的责任 2. 3.

标准采购文件：

1. 列出所有标准采购表格、文件、政策或与采购相关的程序 2. 3.

合同类型：

识别合同类型、激励或奖金及这些费用的标准

约定和保证的需求：

明确投标方必须满足的约定的或保证的需求

选择标准：

权重	标准
明确选择标准和相对权重，如果需要，还可以包括有关独立的成本估算的信息	

采购约束和假设：

确定采购过程中相关的约束的假设并形成文档

整合需求：

WBS	定义合同方的 WBS 如何与项目 WBS 整合
进度	定义合同方的进度计划如何与项目进度计划整合，包括里程碑和时间提前量等内容
文档	明确来自合同方所有的文件，以及这些文件如何与项目文档整合
风险	明确风险的识别、分析和跟踪如何与项目风险管理整合
绩效报告	定义合同方的绩效报告如何与项目状态报告整合，包括范围、进度和成本状态报告

课后实训任务

1）完成财务管理项目的实训岗位设置与工作任务分配；

2）完成财务管理项目的实训工作进度计划表；

3）具体实施过程中，利用相关表式完成过程性记录；

4）财务管理项目实训结束后，完成阶段实训项目复盘与评价工作。

（具体表式设计可以参考“先导二　会展项目管理实训设计”）

项目 5　风险管理计划

一、项目目的

会展项目风险管理，是指会展活动的管理人员对可能导致损失的会展项目的不确定性进行预测、识别、分析、评估和有效处理的一种科学的管理方法，以最低的成本为会展的顺利完成提供最大的安全保障，同时提高项目的社会效益和经济效益，更好地应对挑战和机遇。

会展活动中充满着各种风险，作为会展项目的管理者，要想会展项目取得成功，就必须树立风险管理意识，提高风险管理能力，主动采取风险管理措施，以降低威胁发生的可能性。

知识小贴士

大型项目风险类型

类型	项目	内容
自然环境	高温天气	气象部门向公众发布的日最高气温 35℃以上的天气
	热带气旋	包括热带低压、热带风暴、强热带风暴、台风、强台风和超强台风
	暴雨	24 小时降水量为 50 毫米及以上，常伴有雷电、冰雹、龙卷风
	沙尘暴	水平能见度小于 1 千米
	冰雪天气	包括吹雪、强降雪、雪崩等
	破坏性地震	震级大于 5 级

续表

类型	项目	内容
事故	设备故障	这是指在会展活动举办过程中，由一些先进的展览技术或新型的展览设备所引起的设备不能正常运行、技术性能降低、设备中断服务等风险
	会展建筑物风险	会展项目场地固有建筑或临时建筑由于材料质量或操作不当造成坍塌、脱落等
	踩踏	由于短时间内局部人群密度过大引起失控，造成意外风险
	火灾	由于对危险源控制的疏漏造成燃料或爆炸风险
公共安全事件	食品安全	由于食品污染造成食物中毒，引起食品突发事件的风险
	重大传染病疫情	短时间内较广范围内出现大量病患或死亡的风险
社会安全事件	盗窃	由于监管不严，造成财务、展品等失窃的风险
	泄密	展品涉及国家、企业机密的风险
	群众性事件	由某些社会矛盾引发的，多数人临时聚集，以宣泄不满，或制造影响，扰乱社会秩序的风险
	突发事件	恐怖袭击、涉外突发事件、政治风波等
其他风险	经营风险	定位不当、策划失误、招商不力、推广效果不佳、合作关系破裂、资金缺乏、竞争者进入等
	舆情风险	经由媒体引发或推动，短时间内吸引大量新闻报道和受众关注，引发参展商、参与者、社会大众对会展项目产生负面评价和印象
	时间风险	各项活动能否按照预定时间进行

二、适用范围

适用于会议、展览、节事活动等会展类项目的风险管理。主要涵盖了从会展活动的筹备、组织、执行到撤展的全过程。不仅包括了安全、财务、进度、质量等方面的风险，还涵盖了市场、技术、法律及自然灾害等多个维度。

知识小贴士

引发会展项目危机的主要风险因素

一级指标	二级指标	三级指标及说明
活动策划	活动类型	文化庆典、娱乐活动、商贸展览活动、体育赛事及政治活动风险较大，企业、商业事件和教育科学活动的风险相对较小
	活动规模	活动规模与风险成正比
	持续时间	会展项目实施时间越长，风险越大
	活动题材	会展项目的题材与其所在地的经济、文化、政策环境匹配度越高，风险越小
人员	观众群体	指标：年龄、职业、社会阶层、兴趣爱好、性格气质、心理素质、群体习惯、文化理念和受教育程度等。人群特征越复杂，风险越大
	个体参与者	指标：人身安全威胁，重大疾病、财产安全威胁、盗窃、火警、食品中毒、车船事故、误点误机、少数民族风俗习惯受侵犯、名誉受损、个人信息及商业情报泄露。参与者的复杂程度和个人遭遇决定风险的大小
	工作人员	指标：在职资格、安全意识、心理素质、决断能力、应急能力、应变能力、协调能力和统筹能力。工作人员的安全知识越丰富、技能水平越高、工作能力越强，风险越小
	演员、运动员等主体人员	通过行为语言调节现场气氛，主体人员的情绪和表现可以影响风险的大小
场所设施	场馆场地	场地选址和场所空间布局越不合理越易产生风险
		安全距离越小，风险越大
		疏散通道（数量、形状、长度、宽度、指示）及出口（数量、门槛、台阶等）设计越不合理、数量越少，风险越大
	固有设备设施	水电气热、消防、通信、监控等公用工程结构与布局越不合理、数量越少，风险越大
	临建设施	展台、展位、舞台、帐篷等临建设施越多，风险越大
		连接大功率线路、移动转播器材、灯箱、电子显示屏等设施设备越多，风险越大

续表

一级指标	二级指标	三级指标及说明
环境媒介	自然环境	会展项目所在地自然环境中的灾害性天气（包括天气变化）、地质灾害等因素越多，风险越大
	社会环境	会展项目所在地的政治局势、国家政策、经济状况、市场环境、传染病疫情、犯罪情况、就业率情况、恐怖袭击、集会游行活动等状况越糟，风险越大
	周边环境	会展项目所在地的交通运输环境（交通流量、道路通行能力、交通枢纽、停车场）、紧急疏散与避难场所、基础设施与服务设施、周边工业危险源等情况，决定了风险的大小
组织管理	现场安全管理	指标：入场条件限制、活动路线合理性、核心活动范围内人群密度、活动现场治安状况、人流引导、安保人员志愿者的岗位设置、活动节目衔接和引导、活动组织方和参与者的纠纷处理、信息发布中心和工作人员信息沟通渠道等。现场安全管理水平越高，风险越小
	危机预警	人员专业素质越高，应急预案、应急演练、对突发事件的应急响应、媒体应对及预警能力越强，越能识别和规避风险
	运营管理	指标：展出物品、品牌信誉、知识产权、财务管理、竞争对手应对、VIP 及客户管理。运营管理能力越强，越能降低风险

三、人员分工

- **项目经理：**负责整个项目的统筹规划、组织实施、监督管理和评估。
- **部门经理：**负责识别和管理项目风险，制订风险管理计划，确保项目风险可控。
- **行业专家：**通过对可能的风险进行系统性的分析和评估，为制定有效的风险管理策略提供依据。
- **项目关系人：**定期召开例会进行会展项目风险的识别、评估、应对及监控，动态、持续跟踪会展项目的进展情况。

四、工作程序

具体工作流程参照图 2-6 风险管理计划工作流程图。

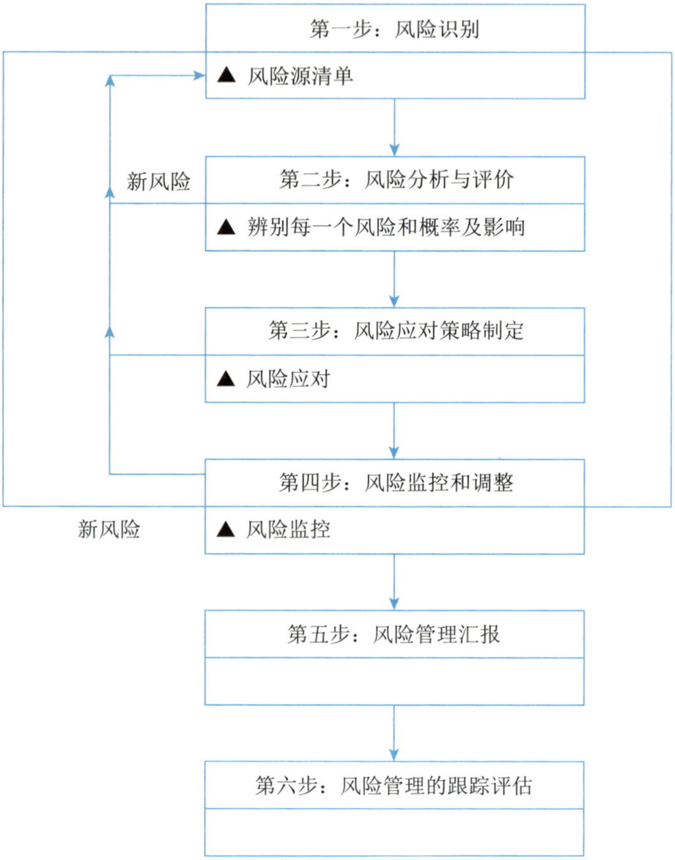

图 2-6　风险管理计划工作流程图

1. 风险识别：对可能面临的各种风险进行识别。会展项目的风险识别就是要找出风险之所在和引起风险的主要因素，在此基础上对风险的后果做出定性或定量的估计。风险识别的内容包括确定风险的来源、分析风险产生的条件、描述风险的特征，以及确定哪些风险事件有可能会影响会展的正常举办。

2. 风险分析与评价：在会展风险识别之后，对会展活动所有的不确定性、风险因素发生的可能性及风险影响的大小进行分析与评价。

3. 风险应对策略制定：对即将举行的会展活动所面临的风险提出处置意见和办法。从改变风险后果的性质、风险发生的概率和风险对项目的影响程度三个方面，可以提出多种风险应对措施，其中包括减轻风险、预防风险、转移风险、回避风险、自留风险和后备措施等。

4. 风险监控和调整： 会展项目的所有风险不可能都能识别出来并加以分析与应对，因此在整个项目执行过程中，需要不断注意新风险；而且，风险状况可能随项目进展而变化，有必要在项目生命周期内持续监控和评估风险的变化，并制订或调整应对的措施。

从具体的工作来看，包括：识别、分析新风险，并制订相应的应对措施；跟踪已识别风险，并注意它们的级别变化；必要时，启动对现有风险的重新分析；监督风险应对措施的实施情况，考察它们的有效性，并在必要时调整应对措施；根据风险情况，决定是否需要调整用于风险管理的资源，如资金、人力等；决定是否需要对项目计划的相关组成部分进行调整和更新。

5. 风险管理汇报： 定期向项目干系人报告风险管理的进展和结果，确保所有相关方都了解风险管理的状态和采取的措施。

6. 风险管理的跟踪评估： 以文档的方式记录会展项目实施过程中风险管理的过程，用于对当前项目的监控及对以后新项目的指导。

五、相关任务记录表式

以下记录表式仅供参考，可以根据实际项目和需求进行增减和修改。

2500-01 风险登记册

•2500-01 风险登记册

风险登记册

项目名称：________________　　准备日期：________________

风险编号	风险说明书	概率	影响				等级	响应
			范围	质量	进度	成本		
标志	描述风险事件或环境	发生的可能性	如果发生风险，其对每个目标的影响				概率×影响	描述规划好的对风险事件的响应策略

续表

风险编号	风险说明书	概率	影响				等级	响应
			范围	质量	进度	成本		

修订后的概率	修订后的影响				修订后的等级	责任方	行动	状态	说明
	范围	质量	进度	成本					
实施相应策略后的可能性	实施相应策略后经修订的对目标的影响				修订后的概率 × 影响	一直跟踪风险和影响的人	处理风险必须采取的行动	开环或闭环	提供有关风险信息的说明

•2500-02 风险审计

2500-02 风险审计

风险审计

项目名称：____________　　准备日期：____________

项目审计：____________　　审计日期：____________

风险事件审计：

事　件	原　因	响　应	说　明
根据风险登记册列出事件	识别产生事件的根本原因	描述所实施的响应	讨论是否有方法预测事件和更有效地响应

风险响应审计：

事　件	响　应	成　功	改进措施
根据风险登记册列出事件	列出风险响应	识别响应是否成功	识别风险响应中改进的任何机会

风险管理过程审计：

过　程	要遵守的规定	所使用的工具和技术
规划风险管理	识别在风险管理计划中说明的不同过程是否后续实施	识别在不同风险管理过程中所使用的工具和技术，以及它们是否成功
识别风险		
进行定性风险分析		
进行定量风险分析		
规划风险响应		
监督和控制风险		

可共享的良好实践的描述：

描述所有可以共享的、用于其他项目的实践经验，包括所有更新和完善风险表格、模板、政策、程序的建议，以及确保这些实践可以重复的过程

要改进的领域的描述：

描述所有需要改进的实践、改进计划和其他跟进的数据或有关纠正措施的信息

•2500-03 风险管理计划

2500-03 风险管理计划

风险管理计划

项目名称：____________ 准备日期：____________

方法：

描述风险管理的方法。提供每一个风险管理过程如何实施的信息，包括是否进行风险的定量分析，在什么环境下进行

工具和技术：

描述用于每个过程的工具（如风险分解结构）和技术（如访谈法、德尔菲技术等）

角色和职责：

描述不同风险管理活动的角色和职责

风险的分类：

识别用于归类和组织风险的分类方法。它可以将风险分类，用于风险登记册或风险分解结构

干系人的风险承受力：

描述项目组织或干系人对风险的承受水平

概率的定义：

用于测量概率的用语，如非常低 ~ 非常高，或 0.01~1.0	描述测量概率的方法，如非常高和高概率的差别等。如果用数字来表示，可以采用概率的跨度，如 0.05、0.1、0.2、0.4、0.8 或 0.2、0.4、0.6、0.8

受目标影响的定义：

影响	范围	质量	进度	成本
用于测量影响的专业用语，如非常低～非常高，或 0.01~1.0	描述对每个目标所受影响的测量方法。确定对目标影响非常高和高之间的差别，如果用数字来表示，可以采用影响的跨度，如 0.05、0.1、0.2、0.4、0.8 或 0.2、0.4、0.6、0.8 。注意，如果某个目标比其他目标重要，那么对个体目标的影响也许会不同			

概率影响矩阵：

风险管理资金：

确定实施各种风险管理活动所需的资金，如使用专家建议，或把风险转移给第三方

应急储备议定书：

描述建议、测量和配备预算及进度应急储备的指南

频率和时间：

描述实施常规风险管理活动和其他特别活动的频率

风险审计方法：

描述每隔多久进行审计风险管理活动，审计哪些方面，以及如何表述偏差

课后实训任务

1）完成风险管理项目的实训岗位设置与工作任务分配；

2）完成风险管理项目的实训工作进度计划表；

3）具体实施过程中，利用相关表式完成过程性记录；

4）风险管理项目实训结束后，完成阶段实训项目复盘与评价工作。

（具体表式设计可以参考“先导二　会展项目管理实训设计”）

总结与反思

1. 会展项目进度计划能帮助办展机构解决哪些问题?
2. 结合实例，分析说明 WBS 工作分解计划在具体实施过程中的步骤。
3. 结合校园某项活动，绘制该活动的工作分解结构图。
4. 会展项目过程可能出现的风险和引起风险的因素分别有哪些?
5. 一名优秀的人力资源经理如何根据项目需要制订人力资源计划?

过程三

项目执行阶段

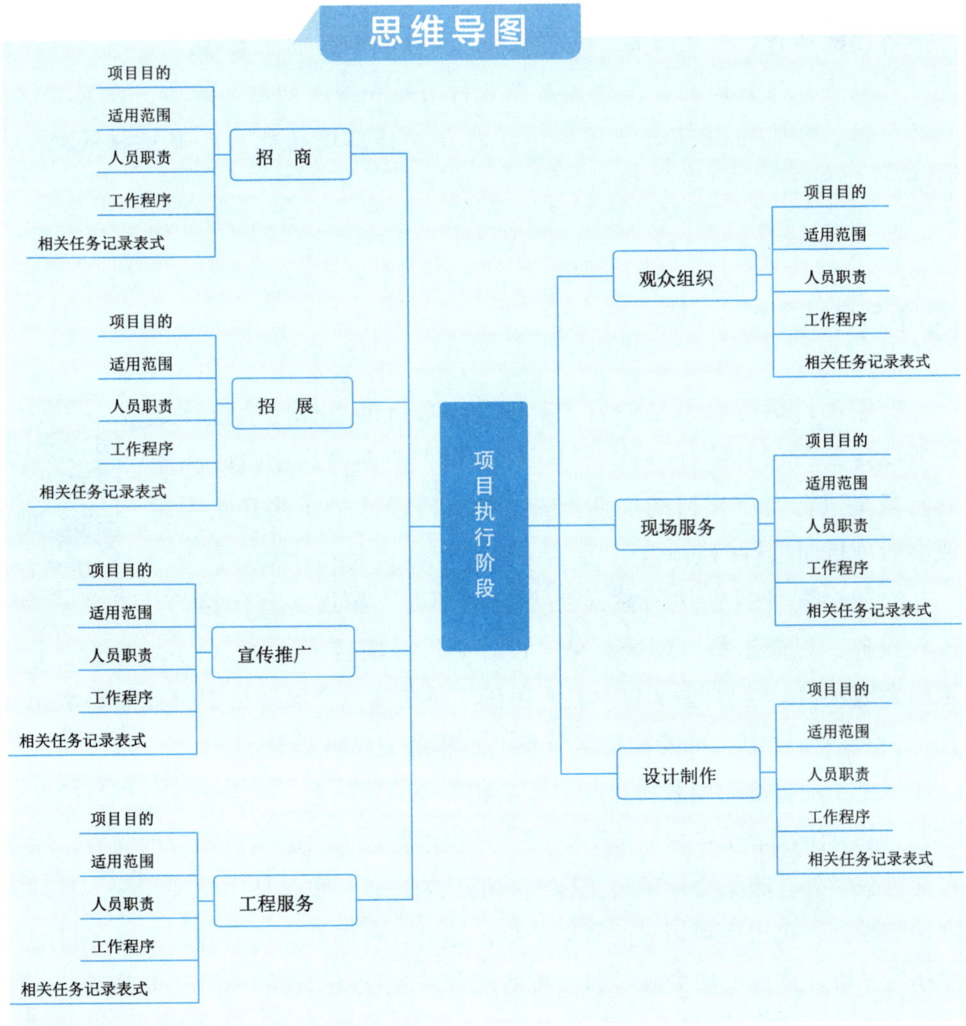
思维导图
项目执行阶段
招　商
项目目的
适用范围
人员职责
工作程序
相关任务记录表式
招　展
项目目的
适用范围
人员职责
工作程序
相关任务记录表式
宣传推广
项目目的
适用范围
人员职责
工作程序
相关任务记录表式
工程服务
项目目的
适用范围
人员职责
工作程序
相关任务记录表式
观众组织
项目目的
适用范围
人员职责
工作程序
相关任务记录表式
现场服务
项目目的
适用范围
人员职责
工作程序
相关任务记录表式
设计制作
项目目的
适用范围
人员职责
工作程序
相关任务记录表式

学习目标

通过本项目的学习，学生应该能够达到的知识、能力、素质目标如下：

1. 掌握本项目的相关知识点，培养通过不同途径获取最新资讯的能力，遵循客观规律与科学精神；

2. 了解不同类型会展项目执行过程中需要完成的典型工作任务和工作目标，培养明确的社会责任感、较强的集体意识；

3. 培养制订项目工作方案和工作流程的能力，遵守道德准则和行业规范，具备精益求精、诚实守信、爱岗敬业的职业素养；

4. 培养合理分组分工，落实任务和职责，培养项目落地执行的能力，具备团队协作、严谨求实、吃苦耐劳、勇于创新的职业素养；

5. 培养项目谈判、工作复盘等分析问题和解决问题的能力，积累工作经验、提高专业悟性，培养适应社会工作环境的能力和职业拓展能力。

项目描述

微课

会展项目执行阶段工作描述

会展项目执行阶段是指为了实现会展项目的目标而执行计划中所确定的各项具体任务的一组工作过程。前面的启动阶段和规划阶段是进行会展项目的前期准备，执行阶段才是正式开始为完成会展项目而进行的活动。

一般会展项目在执行阶段主要包括招商、招展、宣传推广、工程服务、观众组织、现场服务、设计制作等项目（见图 3–1）。对于一个特定的会展项目，这些过程不一定都存在，而在其他会展项目中可能需要增加过程；在有些项目中，可能需要区分核心过程和支持性过程。

每个子项目都需要获得可交付成果和工作绩效信息。在会展项目执行的某一过程、某一阶段或子项目完成后，必须产出可验证的会展项目成果或服务。除了可交付成果外，收集会展项目工作绩效信息的过程，也是从中发现问题、及时采取预防措施、提出变更请求的重要依据。这时，可能需要重新修正会展项目的各项执行基准，比如变更会展项目资源的配置以应对新出现的风险或机遇等。

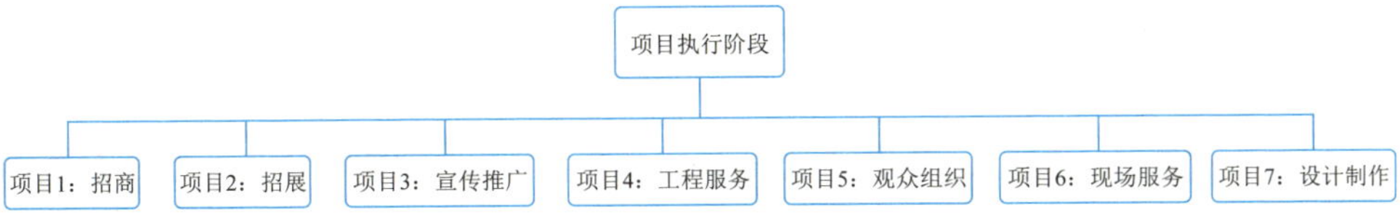

图 3-1　项目分解

典型工作结构分解

项目1　招　商

一、项目目的

对会展招商工作进行整体规划和具体部署，更好地明确会展项目招商工作人员的职责分工，选择营销渠道，明确目标参展商、赞助商、广告商及招商代理等，选择宣传推广方式，落实招商费用等事宜。规范会展的招商工作流程，使员工能够明确自己的工作内容并按计划达到预期的工作目标，使会展招商工作能够有序、高效地进行。

知识小贴士

什么是会展招商策划

会展招商策划是一项重要任务，当一次会展成功举办，参展商的营业额增长、品牌的影响力提升，不仅可以为企业创造利益，更可以为市场注入新的活力。因此，会展招商策划的特点很重要。

同时，会展招商通过一个参展就能够间接地获得经济来源，能够招到很多观众看不到的资源及经济，这就是会展招商的一个比较大的魅力，也是很多品牌、企业频繁加入当地或者周边地区会展招商的主要原因。会展招商的实际招商效果一般都要到活动结束之后才能够知道，在实际的效果上具有明显的滞后性，而且展位费一般都是提前缴纳的，所以实际的效果如何对于实际的费用没有影响，效果不好的话只能够接受。

二、适用范围

适用于会议、展览、节事活动等会展类项目招商工作的管理。招商对象指参展商、赞助商、广告商及招商代理等，不包括观众的组织和招揽。

三、人员职责

- **部门经理：** 制定招商目标，确定招商基本原则和方针，监督和指导招商工作的开展，听取工作汇报，协调人员安排等。
- **经理助理：** 协助部门经理完成招商相关工作。
- **项目经理：** 根据招商目标和原则，按照招商流程，落实招商相关工作，并指导招商主管开展具体的招商工作。
- **招商主管：** 在项目经理的指导下，组织招商团队，制定招商策略，研究招商方法，开展具体的招商工作。

四、工作程序

具体工作流程参照图 3–2 招商工作流程图。

1. 落实招商准备工作： 招商准备工作包括制订招商方案、建立招商团队、明确职责分工、制订招商奖励办法、整理并明确意向招商对象及整理项目资源等。

2. 审核准备工作，进入全面招商： 准备工作需经部门经理审核通过后，方可进入实质性的招商工作。

3. 客户的初步联络。

4. 根据需求，制订专门方案。

5. 进一步沟通，明确合作意向，商讨合作细节。

6. 确定合作关系，签订合作协议。

7. 落实回报和服务工作。

8. 客户的反馈调查及后期维护。

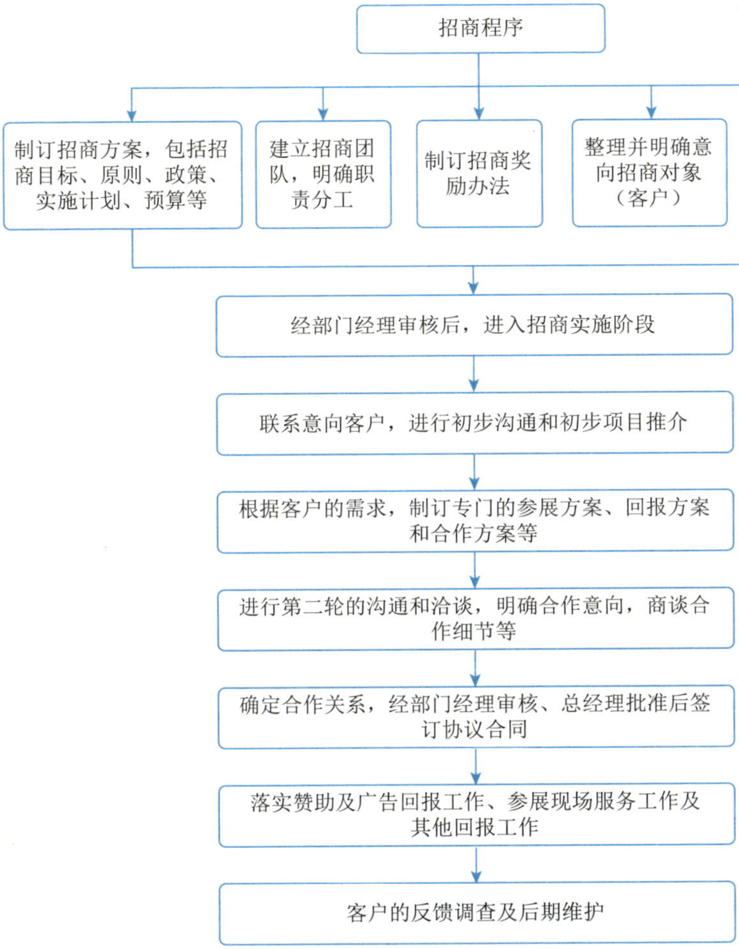

图 3-2　招商工作流程图

五、相关任务记录表式

以下记录表式仅供参考，可以根据实际项目和需求进行增减和修改。

3100-01 协办（赞助）总体方案

●3100-01 协办（赞助）总体方案

××展览会协办（赞助）总体方案

前言：

展会介绍

赞助项目名称：

赞助内容：

（一）荣誉礼遇

（1）成为本次展览会特别协办单位（以下简称协办单位），在相关文件、宣传中列名，由组委会颁发荣誉证书、授牌；

（2）协办单位领导以特邀嘉宾身份参加本届展览会开幕式并代表企业致辞，并与政府领导合影。

（3）……

（二）名称和标识使用

可使用“××展览会”名称及大会标识（Logo）做单位自身商业宣传（使用期限为一年）。

无形资产回报价值约×万元。

（三）媒体传播及宣传品回报

（1）企业/品牌名称以总赞助商或特别协办单位名义列名出现在所有组委会与政府部门和其他部门的接洽文件上；

（2）企业/品牌以总赞助商或特别协办单位名义列名出现在组委会发布的所有印制宣传品中；

（3）本次展览会的支持媒体将全程跟踪、采访、通报、报道展览会动态进程，传播网络和影响遍及国内外，企业/品牌名称随电视台、电台、报纸、杂志和知名网站等新闻媒体宣传展览会而报道，以总赞助商或特别协办单位名义列名宣传；

（4）企业/品牌以总赞助商或特别协办单位名义列名出现在组委会对外的洽谈事务中；

（5）在本次展览会组委会提供的新闻稿中提及特别企业/品牌。

媒体传播及宣传品回报总计价值约×万元。

（四）固定回报

1. 企业及产品展示

在博览会A区黄金展位（面积60平方米左右），以企业的文化内涵、产品的品牌形象为展示内容，做企业形象和产品展示宣传。（组委会提供展厅特装）（价值××万）

2. 广场推广活动

赞助××活动。该活动对外发布名称统一为“×××活动”，企业名称将出现在此活动的相关宣传品中。（价值×万）

赞助文化会演活动。该活动对外发布名称统一为“×××文化会演”，企业名称将出现在此活动的相关宣传品中。（价值×万）

3. 广告发布宣传

为更好地全面地进行企业和产品品牌推广宣传，并在本届展览会结束后得以延展，利用组委会的媒体资源和广告资源优势，进行系列广告宣传：

- 户外媒体广告（写明具体内容和价值）
- 现场广告（写明具体内容和价值）
- 网络、新闻媒体宣传（写明具体内容和价值）
- 平面广告（写明具体内容和价值）

协办支持总金额：

× × 万元（RMB）

协办支持礼品：

1.

2.

展览会总赞助回报总计价值约 ____________ 万元（RMB）。

注：协办支持的回报内容可根据赞助金额另行调配。

× × 展览会组委会

× × 年 × 月 × 日

3100-02 广告登记表（代合同）

•3100–02 广告登记表（代合同）

× ×展览会广告登记表（代合同）

单位全称					
单位负责人		手机		电话	
联系人		职务		手机	
地址				邮编	
电子邮箱				传真	

续表

<table>
<tr><td rowspan="3">参会内容</td><td>会刊广告版面：</td><td>会刊广告费______（元）</td></tr>
<tr><td>其他广告：</td><td>广告费______（元）</td></tr>
<tr><td>费用总额（大写）：______________元</td><td>付款日期___月___日</td></tr>
<tr><td colspan="2" rowspan="2">是否自行设计广告稿？□是　□否</td><td>组委会指定账户
户名：______________
账号：______________
开户行：____________</td></tr>
<tr><td>其他需求：</td></tr>
<tr><td colspan="3">备注：
1. 单位务必准确、清晰填写本登记表，并签字加盖公章后邮寄或传真至组委会。
2. 单位根据《登记表》所确定内容，于 7 个工作日内将参展费及广告费等汇至组委会指定账户，并将汇款底单传真至组委会以确认，否则可能导致广告位未能保留。
3. 组委会收到广告费后即回传经组委会签字盖章确认的广告登记表。
4. 做广告单位承诺，所宣传产品如涉及知识产权侵权问题，经济责任和法律责任由参展单位自行承担；如因此给组委会造成损失的，组委会有权提出索赔。
5. 参展单位如有现场销售须向组委会提供相关证件复印件（营业执照、生产许可证等）。
6. 如因不可抗力原因致使本次参展活动推迟或取消，组委会仅承担退还已交广告费的义务。</td></tr>
<tr><td colspan="2">参展单位签章：

日期：</td><td>组委会签章：

日期：</td></tr>
</table>

组委会联系方式：

联系人：______________________

电话：______________________

传真：______________________

地址：____________________　邮编：____________________

网址：____________________　电子邮件：____________________

•3100-03 广告价目表

3100-03 广告价目表

××展览会广告价目表

序号	广告位置		数量	规格 / 形式（m）宽 × 高	价格（不含制作费）
1	自动扶梯旁				
2	展厅大门外侧上方				
3	展厅大门内侧两边				
4	……				
5	气球				
6	气模				
7	广场草地边缘彩旗				
8	门票				
9	广告礼品袋				
10	洽谈会信息发布费				
11	会刊	封面 / 封底			
12		封二 / 封三			
13		扉页			
14		彩页内页			
15	……				

课后实训任务

1）完成招商项目的实训岗位设置与工作任务分解；

2）完成招商项目组的组织架构图；

3）完成招商项目的实训工作进度计划表；

4）具体实施过程中，利用相关表式完成过程性记录；

5）招商项目实训结束后，完成阶段实训项目复盘与评价工作。

（具体表式设计可以参考“先导二　会展项目管理实训设计”）

项目2　招　展

一、项目目的

对会展招展工作进行整体规划和总体部署，明确会展项目招展工作人员的分工职责、营销渠道、代理商的选择和管理、参展商的选择和管理、宣传推广、招展预算、展会现场服务等事宜。规范项目招展工作的流程，使招展人员能够明确自己的工作内容并按计划达到预期的工作目标，使展会前后期工作能够有序而又高效地进行。

二、适用范围

适用于展览等会展项目招展工作的管理，会展的主办方或承办方招揽企业租赁展位、参加展会展出活动的行为。

三、人员职责

- 招展项目经理：负责展位的总体销售安排工作，并与领导一起讨论并制订展位销售的奖励措施。
- 招展专员：负责展位区块的划分工作。
- 营销人员：开展招展工作，通过上门拜访、电话营销、邮件往来等手段与客户联络沟通，挖掘潜在的参展商和维持已有的忠诚客户的联系。
- 设计人员：负责招展函的制作和招展工作中宣传资料的设计。
- 宣传人员：负责展会的宣传推广，通过与各大媒体和专业网站的合作达到宣传目的。

四、工作程序

具体工作流程参照图 3–3 招展工作流程图。

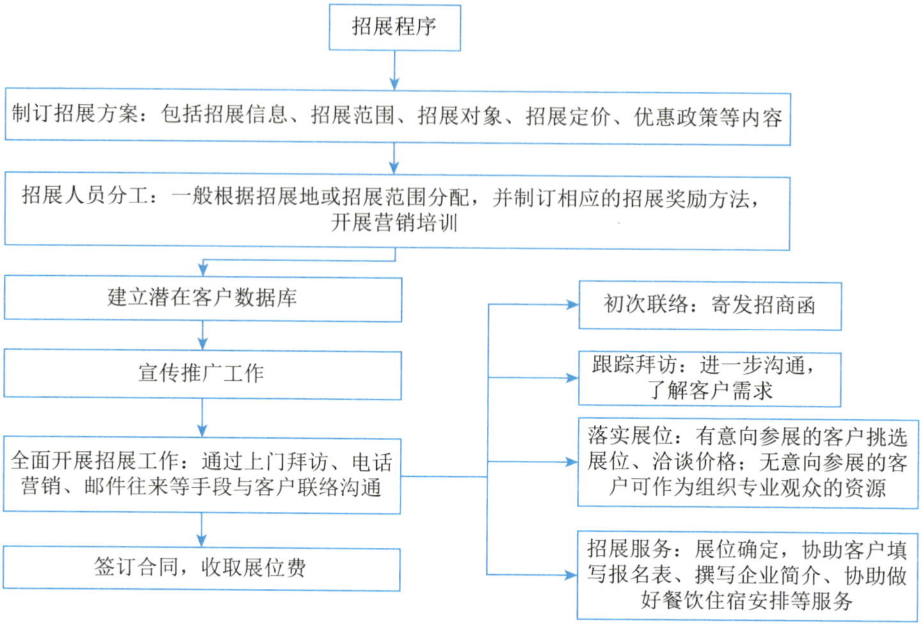

图 3–3　招展工作流程图

1. 制订招展方案：招展方案是在招展策划的基础上，为展会营销制订的具体执行方案。它包括招展重点地区的划分，参展商的信息收集，展区和展位划分，招展价格的制订，招展分工和展位营销，招展函的编制和发送等内容。

2. 建立潜在客户数据库：客户数据库是展会信息里面的重要财富，数据库的信息可以从同类型展览、专业出版商出版的企业名录、专业杂志与报刊、专业网站等地方收集。

3. 宣传推广工作：该工作是为了更好地开展招展工作而有针对性地举行一些宣传推广活动。应根据各个展区、展位制订相应的价格体系和展会的宣传推广工作，宣传资料包括招展函、展会会刊、海报等。

4. 开展招展工作及招展技术：展位的销售是展会工作中核心的组成部分，通过与客户沟通联系，确定参加本届展会的客户需做好参展申报工作。它需要应用多种招展技术，如电话招展、传真招展、E-mail 招展、邮寄、客户拜访等多种手段。其中电话、传真、E-mail、微信等是招展中最常用的招商技术。

5. 展位的确定和选择：基本确定展位位置、展位面积（固定客户展位优先选择），组委会进行初选、初排。申报客户需要在一定时间内，即申报之日起 1~2 个月内做出回应，多次联系没有回应的展位将不予保留。

6. 合同管理：客户确定参展意向后，拟定参展合同，参展合同一般由申请表、合同内容和合同附件组成。与客户签订的合同需经展览项目部总经理签字盖章，并进行统一的管理。

五、相关任务记录表式

以下记录表式仅供参考，可以根据实际项目和需求进行增减和修改。

3200-01 招展方案

●3200-01 招展方案

×× 展览会招展方案

基本背景介绍：

招展范围：

招展方法：

1. 招商人员：×× 等人。事先根据名录分好区域，招商人员也可根据招商进度自己补充名录。
2. 采用电话招商、走访同类展会和登门拜访相结合的方法。重点区域或企业采用登门拜访的办法，必要时由领导配合。
3. 具体招展措施：根据报名时间给予不同的优惠。（具体优惠政策说明）
4. 具体展位的分配由全体招商小组共同商议决定，原则上双开面的展位必须 2 个一起卖。
5. 实行每日例会制度，每天通报当天的电话记录，讨论情况。原则要求每天的电话量需在 50 个以上，若因其他工作不能完成，请提前向项目负责人说明。
6. 对于招展人员给予一定的奖励。招展数量达到 10 个（含）至 20 个（含），给予参展费用总金额的 5%作为奖励；招展数量达到 20 个（含）至 30 个（含），给予参展费用总金额的 7%作为奖励；招展数量达到 30 个以上的，给予参展费用总金额的 10%作为奖励。

●3200–02 参展登记表（代合同）

3200–02 参展登记表（代合同）

××展览会参展登记表（代合同）

<table>
<tr><td>参展单位全称</td><td colspan="6"></td></tr>
<tr><td rowspan="2">楣板名称</td><td>中文</td><td colspan="3"></td><td>产品</td><td></td></tr>
<tr><td>英文</td><td colspan="5"></td></tr>
<tr><td>单位负责人</td><td colspan="2"></td><td>手机</td><td></td><td>电话</td><td></td></tr>
<tr><td>联系人</td><td colspan="2"></td><td>职务</td><td></td><td>手机</td><td></td></tr>
<tr><td>地址</td><td colspan="4"></td><td>邮编</td><td></td></tr>
<tr><td>电子邮箱</td><td colspan="4"></td><td>传真</td><td></td></tr>
<tr><td rowspan="4">参会内容</td><td colspan="4">标准展位 ________ 个；光地 __________ M^2；编号 ________</td><td colspan="2">展位费 ______________ 元</td></tr>
<tr><td colspan="4">会刊广告版面 __________________________</td><td colspan="2">会刊广告费 ________ 元</td></tr>
<tr><td colspan="4">其他广告：____________________________</td><td colspan="2">广告费 ________ 元</td></tr>
<tr><td colspan="4">费用总额（大写）：__________________ 元</td><td colspan="2">付款日期 _____ 月 _____ 日</td></tr>
<tr><td colspan="5">是否参加……？ □是 □否
现场举办产品或企业品牌推介会？ □是 □否

其他需求：</td><td colspan="2">组委会指定账户
户名：__________________
账号：__________________
开户行：________________</td></tr>
<tr><td colspan="7">备注：
1. 参展单位务必准确、清晰填写本登记表，并签字加盖公章后邮寄或传真至组委会。
2. 组委会根据总体布局、报名顺序和面积安排确认展位，并将参展登记表盖章后寄送或传真回参展单位。参展单位携带此登记表到现场办理参展（报到）手续。
3. 参展单位根据《登记表》所确定内容，于 7 个工作日内将参展费及广告费等汇至组委会指定账户，并将汇款底单传真至组委会以确认，否则可能导致展位未能保留。
4. 组委会收到参展费后即寄送发票和《参展指南》，以方便参展单位做好参展准备。
5. 参展单位须随附经公司负责人签字确认的 200 字以内的单位和产品简介用于会刊宣传。
6. 参展单位承诺，所参展展品如涉及知识产权侵权问题，经济责任和法律责任由参展单位自行承担；如因此给组委会造成损失的，组委会有权提出索赔。
7. 参展单位如有现场销售须向组委会提供相关证件复印件（营业执照、生产许可证等）。
8. 如因不可抗力原因致使本次参展活动推迟或取消，组委会仅承担退还已交展位费的义务。</td></tr>
</table>

续表

参展单位签章： 日期：	组委会签章： 日期：

组委会联系方式：

联系人：________

电话：________

传真：________

地址：________　　　　邮编：________

网址：________　　　　电子邮件：________

3200-03 参展商信息统计表

•3200-03 参展商信息统计表

参展商信息统计表

项目名称：________　　　　准备日期：________

序号	单位名称	展位	礼品数量	展位号	相关活动	金额（元）	广告	联系人及电话	组委会联系人	其他联系方式	备注1	备注2
1											参展合同、款项、发票等情况记录	参展商手册是否发放
2												
3												

●3200–04 参展手册

3200–04 参展手册

××展览会参展手册

尊敬的参展商：

我们十分荣幸地欢迎您参加“×× 展览会”。为了协助您更加有效地做好参展准备工作，并顺利圆满地开展，我们特为您准备了这本参展手册。

本手册包括了住宿申请表、参展指南、展馆设备租赁价格表、服务台物品价格表、展馆布展参展须知等，希望能给您顺利参展提供便利。

请尽快填好各项表格后传真或特快专递至 ×× 展览会组委会。

如对各项有任何疑问，欢迎来电来函垂询。

我们衷心感谢各位的大力支持与配合，并期盼着与你相会在美丽的杭州。

致礼！

×× 展览会组委会

×× 年 × 月 × 日

垂询方式：

地址：________________

邮编：________________

联系人：________________

电话：________________

传真：________________

附一：参展指南

一、展览名称：________________

展览地点：________________

二、时间安排：

1. 报到布展时间：________________

2. 展览时间：________________

3. 撤展时间：________________

报到说明：请携带双方已签章的《参展登记表（代合同）》到现场组委会服务台报到，并办理进馆手续。

三、车辆停放：

货车在指定区域停放和通行。停车应服从停车场工作人员的引导和规范管理。

四、大型车辆进城：

进城时间为每日早上 × 点以前，晚上 × 点以后。进城时请随身携带双方已签章的《参展登记表（代合同）》或复印件。

五、展会基本服务：

1. 展馆现场设有桶装矿泉水销售点。

2. 展馆提供现场快餐服务。

3. 展馆提供基本展具展架租赁服务，在服务台办理租借手续。

4.……

六、参展要求：

1. 遵守展馆的相关管理制度，听从工作人员的协调安排。

2. 遵守展馆的《布展参展须知》（详见附件三）；遵守安全、消防、卫生、广告发布等有关规定，加强电器等设施管理，馆内严禁吸烟。

3. 开展期间，为确保展品安全，展位人员不脱岗，闭馆后统一离岗。

4. 遇有紧急情况，请与现场工作人员联系或向“小红帽”志愿者求助。

5. 参展单位工作人员凭证从专用通道进入；证件应妥善保管，不得转借。

6. 展会未结束时不得撤展。

7. 联系电话：××××××××

七、公交指南（参照 ×× 城市公共交通集团有限公司网站）：

终点站名	公交线路

附件二：展馆设备租赁价格表

项目	价格	备注
皮折椅		
铝合金方桌		
折叠长桌		

续表

射灯		
网片		
动力电源板		
出租展架		
……		

附件三：×××场馆布展参展须知

向展馆索要具体内容。

课后实训任务

1）完成招展项目的实训岗位设置与工作任务分解；

2）完成招展项目组的组织架构图；

3）完成招展项目的实训工作进度计划表；

4）具体实施过程中，利用相关表式完成过程性记录；

5）招展项目实训结束后，完成阶段实训项目复盘与评价工作。

（具体表式设计可以参考“先导二　会展项目管理实训设计”）

项目 3　宣传推广

一、项目目的

制定一系列宣传推广政策，规范会展项目的宣传推广工作流程，使项目工作人员能够高效、清晰地完成各项宣传推广工作，从而进一步提高宣传质量和舆论引导水平，更好地服务于相关工作，扩大会展项目的社会影响力，提高会展项目的知名度和参与度，最终达到吸引更多目标观众的目的。

二、适用范围

适用于会议、展览、节事活动等会展项目宣传推广工作的管理。包括传统媒体宣传、网络媒体宣传、社交平台宣传、B2B 平台宣传、新媒体宣传、官方媒体宣传、活动推广宣传、内容营销宣传等多种形式。

三、人员职责

- **部门经理：**制定宣传战略和目标，监督和指导宣传工作的开展，听取工作汇报，协调人员安排等。
- **经理助理：**协助部门经理完成宣传推广相关工作。
- **项目经理：**在部门经理的指导下，按照宣传推广流程，落实宣传相关工作，并指导宣传主管开展具体工作。
- **宣传主管：**在项目经理的指导下，组织宣传团队，制订宣传方案和计划，落实宣传工作。

四、工作程序

具体流程参照图 3–4 宣传推广工作流程图。

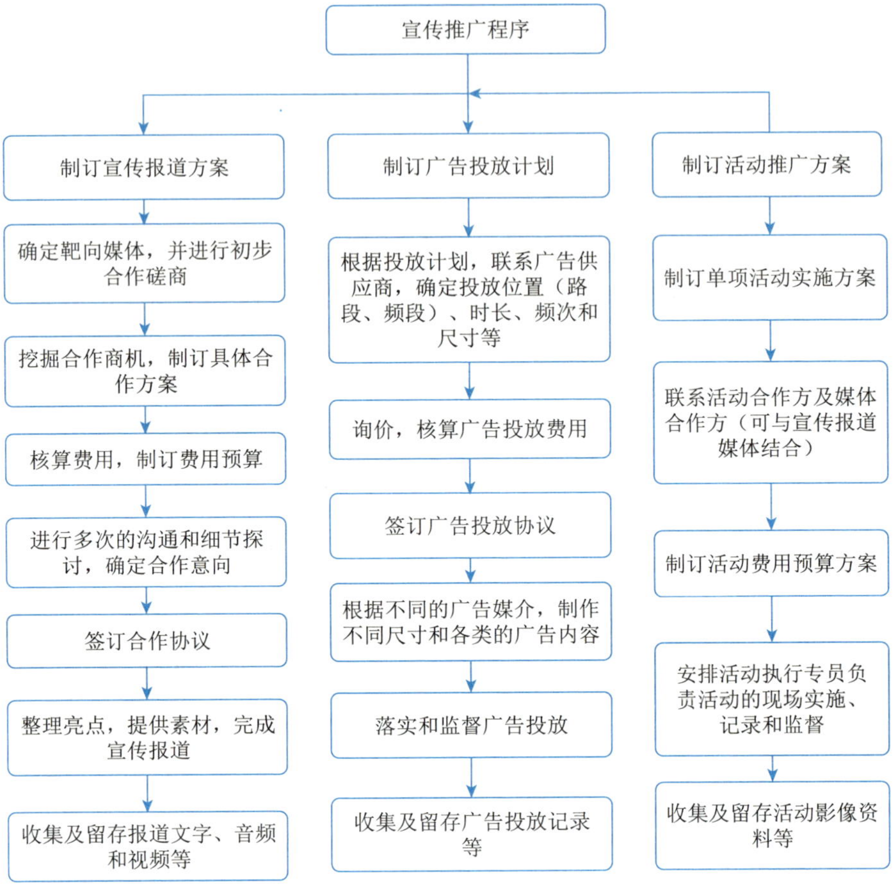

图 3-4　宣传推广工作流程图

1. 制订宣传报道方案：确定靶向媒体，并进行初步合作磋商；挖掘合作商机，制订具体合作方案；核算费用，制订费用预算；进行多次的沟通和细节探讨，确定合作意向；签订合作协议；整理亮点，提供素材，完成宣传报道；收集及留存报道文字、音频和视频等。

2. 制订广告投放计划：根据广告投放计划，联系广告供应商，确定投放位置（路段、频段）、时长、频次和尺寸等；询价，核算广告投放费用；签订广告投放协议；根据不同的广告媒介，制作不同尺寸和种类的广告内容；落实和监督广告投放；收集及留存广告投放记录等。

3. 制订活动推广方案：制订单项活动实施方案；联系活动合作方及媒体合作方（可与宣传报道媒体结合）；制订活动费用预算方案；安排活动执行专员负责活动的现场实施、记录和监督；收集及留存活动影响资料等。

五、相关任务记录表式

以下记录表式仅供参考，可以根据实际项目和需求进行增减和修改。

●3300–01 宣传推广方案

3300–01 宣传推广方案

××项目宣传推广方案

前言：

会展项目名称、时间、地点、成效等描述。

一、指导思想

指导思想内容及对项目的作用等描述。

二、宣传重点

宣传主题、团队、对象、目的等描述。

三、宣传计划

宣传工作将根据 ×× 项目的日程安排，分五个阶段有序推进。 1. 筹备期重点宣传（时间段） 宣传阶段、宣传内容、宣传对象、宣传方法、预计效果等描述。 2. 造势期全面宣传（时间段） 宣传阶段、宣传内容、宣传对象、宣传方法、预计效果等描述。 3. 项目前集中宣传（时间段） 宣传阶段、宣传内容、宣传对象、宣传方法、预计效果等描述。 4. 项目中持续宣传（时间段） 宣传阶段、宣传内容、宣传对象、宣传方法、预计效果等描述。 5. 项目后跟踪宣传（时间段） 宣传阶段、宣传内容、宣传对象、宣传方法、预计效果等描述。

四、宣传整合

总括：整合分类、整合效果等描述。
1. 软文宣传
……
2. 环境宣传
……
3. 硬广宣传
……

五、工作要求

1.
……

●3300–02 环境宣传方案

3300–02 环境宣传方案

××项目环境宣传方案

一、环境宣传的重要性

……，环境宣传工作非常重要，我们建议可利用如下广告资源开展 ×× 项目宣传以营造氛围。

二、环境宣传方案

1. 拟利用本届 ×× 项目宣传资源中 ××%的专用户外广告资源发布；
2. 拟利用市公交公司已建成的城市免费单车停车棚灯箱广告的 ××%资源；
3. 拟利用市公交公司部分公交车车身广告资源；
4. 拟利用市交警局部分交通标牌背面广告 ××%资源；
5. 拟利用市电力局部分城市道路灯杆直幅广告资源；
6. 拟利用各城区、街道用于发布 ×× 项目宣传的部分资源；
7. 拟利用会刊、宣传折页等刊物部分版面；
8. 拟利用 ×× 项目官方网站专版宣传或链接。

……

●3300-03 宣传广告投放计划和结算

3300-03 宣传广告投放计划和结算

××项目宣传广告投放计划和结算

序号	类别	广告项目	时 间	数量及规格	单位	刊例单价（元）	刊例总费用（元）	单价（元）	费用（元）	实际支出（元）
1	专业杂志									
2	电视									
3	电视媒体									
4	广播媒体									
5	公交广告									
6	其他媒体									
7	户外									
8	网站									
9	……									
总　计										

●3300-04 媒体合作协议

3300-04 媒体合作协议

媒体合作协议

甲方：＿＿＿＿＿＿＿＿＿＿＿＿＿＿＿＿＿＿＿＿（单位名称）

乙方：＿＿＿＿＿＿＿＿＿＿＿＿＿＿＿＿＿＿＿＿（单位名称）

（简述合同的背景和制定合同的目的。）

具体协议如下：

1. 本次活动自________启动，至________结束。

2. 乙方负责________。

3. 甲方负责________。

4. ________负责在本次活动中起到协调及联络作用。

5. 本次活动，________支付________活动经费________。

6. 具体支付方式为________。

7. 以上未尽事宜，双方协商解决。

甲方：（单位________）　　乙方：（单位________）

签章：　　签章：

日期：　　日期：

课后实训任务

1）完成宣传推广项目的实训岗位设置与工作任务分解；

2）完成宣传推广项目组的组织架构图；

3）完成宣传推广项目的实训工作进度计划表；

4）具体实施过程中，利用相关表式完成过程性记录；

5）宣传推广项目实训结束后，完成阶段实训项目复盘与评价工作。

（具体表式设计可以参考“先导二　会展项目管理实训设计”）

项目 4　工程服务

一、项目目的

对会展搭建工作进行整体规划和总体部署，明确会展搭建工作人员的分工职责，搭建范围，搭建预算，搭建商和工程师的选择，整体布局风格的确定，搭建材料的确定等事宜。规范会展的搭建工作流程，使会展搭建工作能够有序而又高效地进行。

二、适用范围

适用于会议、展览、节事活动等会展项目搭建工程服务的管理。主要包括展览展示、展台搭建、特装搭建、门头搭建、开幕式场地搭建和布置等工程服务。

三、人员职责

- **部门经理：** 监督和指导搭建方案的制订及搭建工作的开展，听取工作汇报，协调人员安排等。
- **经理助理：** 协助部门经理完成搭建相关工作。
- **项目经理：** 在部门经理的指导下，按照搭建工作流程，落实搭建相关工作，并指导搭建主管开展具体工作。
- **搭建主管：** 在项目经理的指导下，组织搭建团队，制订搭建具体方案和计划，落实相关搭建工作。

四、工作程序

具体工作流程参照图 3-5 工程服务工作流程图。

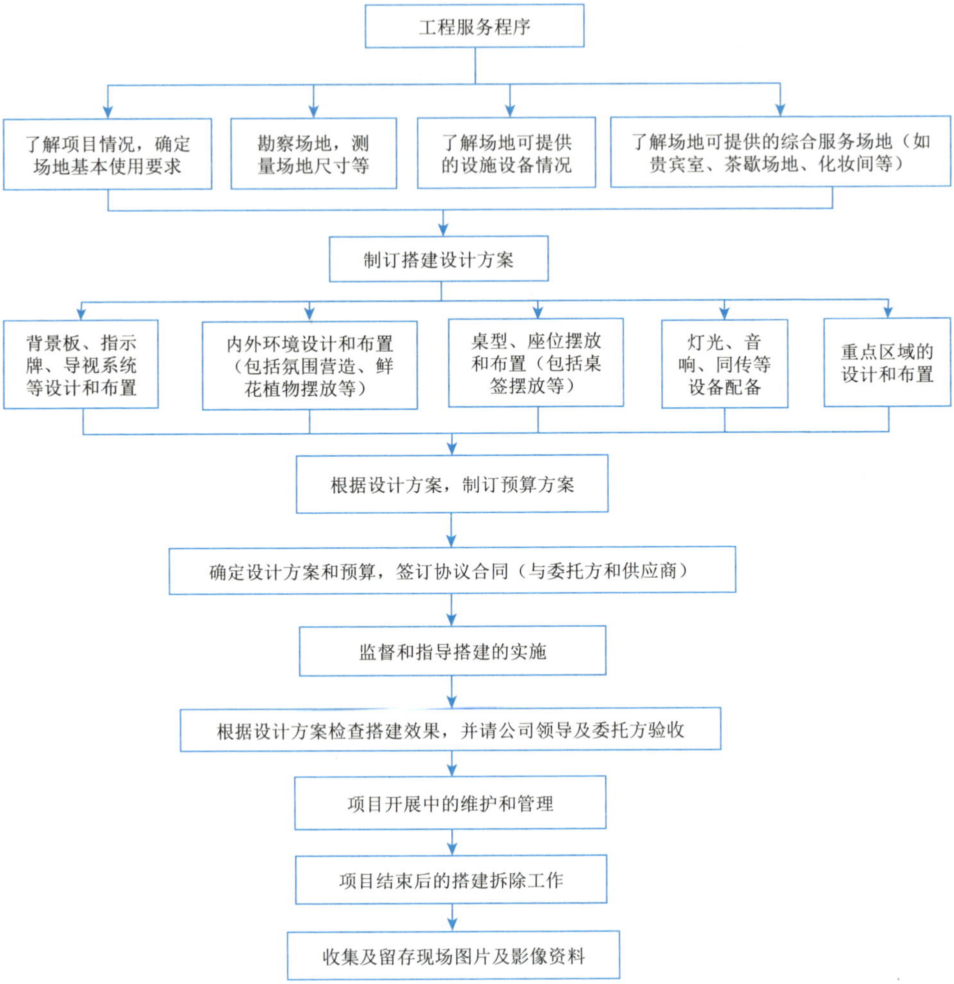

图 3–5 工程服务工作流程图

1. 前期准备工作：了解会展项目的基本情况，确定场地使用要求；勘察场地，测量场地尺寸等；了解场地可提供的设施设备情况；了解场地可提供的综合服务场地（如贵宾室、茶歇场地及化妆间等）。

2. 制订搭建设计方案：根据项目场地的特性完成搭建设计方案。

3. 根据搭建设计方案，制订预算方案。

4. 确定设计方案和预算，签订协议合同：签订协议合同包括与委托方及供应商等签订协议和合同。

5. 监督和指导搭建的实施。

6. 验收：根据设计方案检查搭建效果，并请公司领导和委托方验收。

7. 项目开展中的维护和管理。

8. 项目结束后的拆除工作。

9. 收集和留存现场图片及影像资料。

五、相关任务记录表式

以下记录表式仅供参考，可以根据实际项目和需求进行增减和修改。

3400-01 工程服务合同书

●3400-01 工程服务合同书

××项目工程服务合同书

甲方：____________________

乙方：____________________

××有限公司（以下简称甲方）与××（以下简称乙方）经友好协商，达成以下协议。

第一条　总则

甲方委托乙方对××（项目名称）进行（例：现场环境布置）及（例：设备提供）服务。

第二条　服务内容

1. 现场环境布置。

2. ××设备提供及安装、拆除。

3. 项目期间技术服务。

4. 展示区搭建。

5. ……

第三条　制作安装时间、地点及制作要求

1. 制作时间为××××年××月××日×点—××月××日×点。

2. 安装地点为____________________。

3. 质量要求：乙方严格按照甲方要求进行设计、制作。

第四条　费用及结款

1. 制作费用预算为________人民币，含制作人工费、运输费、税费。

2. 结算费用以最终实际制作费用为准。

3. 结款方式为合同签订日________日内预付预付款________。余款______于项目结束后________个工作日内甲方一次性支付给乙方，乙方向甲方提供全额发票。

第五条　不可抗力条款

由于无法预见的不可抗力事件，如战争、地震、罢工、动乱或司法、政府限制等超出各方合理控制范围的突发事件的发生，导致任何一方不能执行本协议中的部分或全部义务时，应及时通知对方。

第六条　违约条例

1. 合同双方任何一方单方面终止合同，则支付给对方合同总金额同等违约金。

2. 乙方若在交货日期内未完成工作，按未完成部分费用的 5% 支付给甲方违约金，甲方在规定付款日期内未能支付给乙方货款，每延期一天按未支付金额的 1% 支付给乙方违约金。

第七条　法律效力及有效性条款

对本协议及其附件的任何修改只有在双方授权代表签署了修改协议后，方可生效。

第八条　协商解决条款

甲乙双方履行或解释本协议发生争议的，应协商解决。若双方无法协商解决，则任何一方均有权向双方所在人民法院起诉。

第九条　附 则

本合同一式两份，双方各执一份，盖章生效。其他未尽事宜，双方协商解决。

开户名称：________________________________

开 户 行：______________________

账　　号：______________________

甲　　方：______________　　乙　　方：______________

代表签字：______________　　代表签字：______________

（单位盖章）：______________　　（单位盖章）：______________

日期：　　年　　月　　日　　日期：　　年　　月　　日

●3400-02 工程自检表

3400-02 工程自检表

××项目工程自验表

合同编号：　　　　　　　　　　　　序号：

<table>
<tr><td>项目名称</td><td colspan="4"></td></tr>
<tr><td>建设单位</td><td colspan="4"></td></tr>
<tr><td>外包单位</td><td colspan="4"></td></tr>
<tr><td>项目地点</td><td colspan="2"></td><td>场地面积</td><td></td></tr>
<tr><td colspan="5">验收情况记录：</td></tr>
<tr><td rowspan="6">1. 基层建设阶段
验收时间：
__________</td><td>设计相符</td><td colspan="3">□合格　□ 合格（有局部整改）□不合格</td></tr>
<tr><td>材料应用</td><td colspan="3">□合格　□ 合格（有局部整改）□不合格</td></tr>
<tr><td>隐蔽项目</td><td colspan="3">□合格　□ 合格（有局部整改）□不合格</td></tr>
<tr><td>工程进度</td><td colspan="3">□合格　□ 不合格</td></tr>
<tr><td>其他问题说明
（可附页）</td><td colspan="3"></td></tr>
<tr><td>项目经理签字</td><td></td><td>部门经理签字</td><td></td></tr>
</table>

续表

2. 版面安装阶段 验收时间： __________	设计及内容	□合格　□ 合格（有局部整改）□ 不合格		
	材料应用	□合格　□ 合格（有局部整改）□ 不合格		
	安装工艺	□合格　□ 合格（有局部整改）□ 不合格		
	工程进度	□合格　□ 不合格		
	其他问题说明（可附页）			
	项目经理签字		部门经理签字	
3. 调试整改阶段 验收时间： __________	整体质量	□合格　□ 合格（有局部整改）□ 不合格		
	多媒体项目调试	□合格　□ 合格（有局部整改）□ 不合格		
	工程进度	□合格　□ 不合格		
	其他问题说明（可附页）			
	项目经理签字		部门经理签字	
4. 交付甲方验收前自验 验收时间： __________	设计相符	□合格　□ 合格（有局部整改）□ 不合格		
	材料及工艺	□合格　□ 合格（有局部整改）□ 不合格		
	整体质量	□合格　□ 合格（有局部整改）□ 不合格		
	工程进度	□合格　□ 不合格		
	其他问题说明（可附页）			
	项目经理签字		部门经理签字	

•3400-03 工程时间进度监督表

3400-03 工程时间进度监督表

××项目工程时间进度监督表

时间 项目	月 日	月 日	月 日	月 日	月 日	月 日	月 日	月 日	月 日	月 日	月 日	月 日	月 日	月 日	月 日	月 日	月 日	月 日	月 日	月 日
场地勘测																				
整理上报																				
讨论方案																				
设计版面																				
审阅定稿																				
制作画面																				
现场施工																				
现场验收																				
拆除																				

•3400-04 工程竣工验收单

3400-04 工程竣工验收单

××项目工程竣工验收单

项目名称	
建设单位	
项目地点	
展馆面积	
验收情况记录（可附页）：	
验收结果	□合格　□ 合格（有局部整改）　□ 不合格

续表

<table>
<tr><td colspan="2">建设单位意见

项目负责人（签字）：　　　　　　单位（盖章）：</td></tr>
<tr><td>监理单位意见

项目负责人（签字）：
单位（盖章）：</td><td>项目实施单位意见

项目负责人（签字）：
单位（盖章）：</td></tr>
</table>

课后实训任务

1）完成工程服务项目的实训岗位设置与工作任务分解；

2）完成工程服务项目组的组织架构图；

3）完成工程服务项目的实训工作进度计划表；

4）具体实施过程中，利用相关表式完成过程性记录；

5）工程服务项目实训结束后，完成阶段实训项目复盘与评价工作。

（具体表式设计可以参考“先导二　会展项目管理实训设计”）

项目5 观众组织

一、项目目的

规范会展观众组织的工作流程，以吸引更多的普通观众和专业观众来参加相关活动，扩大会展的影响力，进而有利于会展招商招展等工作的顺利进行。其中，专业观众特别是采购商是会展项目成败的关键因素之一。

二、适用范围

适用于展览、节事活动等会展项目观众组织工作的管理。

三、人员职责

- **部门经理：**监督和指导观众组织方案的制订及相关工作的开展，听取工作汇报，协调人员安排等。
- **经理助理：**协助部门经理完成观众组织的相关工作。
- **项目经理：**在部门经理的指导下，按照观众组织工作流程，落实观众组织相关工作，并指导观众组织专员开展具体工作。
- **观众组织专员：**在项目经理的指导下，组织团队，制订观众组织具体方案和计划，落实相关组织工作。

四、工作程序

具体工作流程参照图3–6观众组织工作流程图。

1. 制订观众组织方案：包括普通观众和专业观众。

2. 观众信息的收集、整理和更新。

3. 观众邀请函的设计和制作。

4. 观众邀请函的发放。

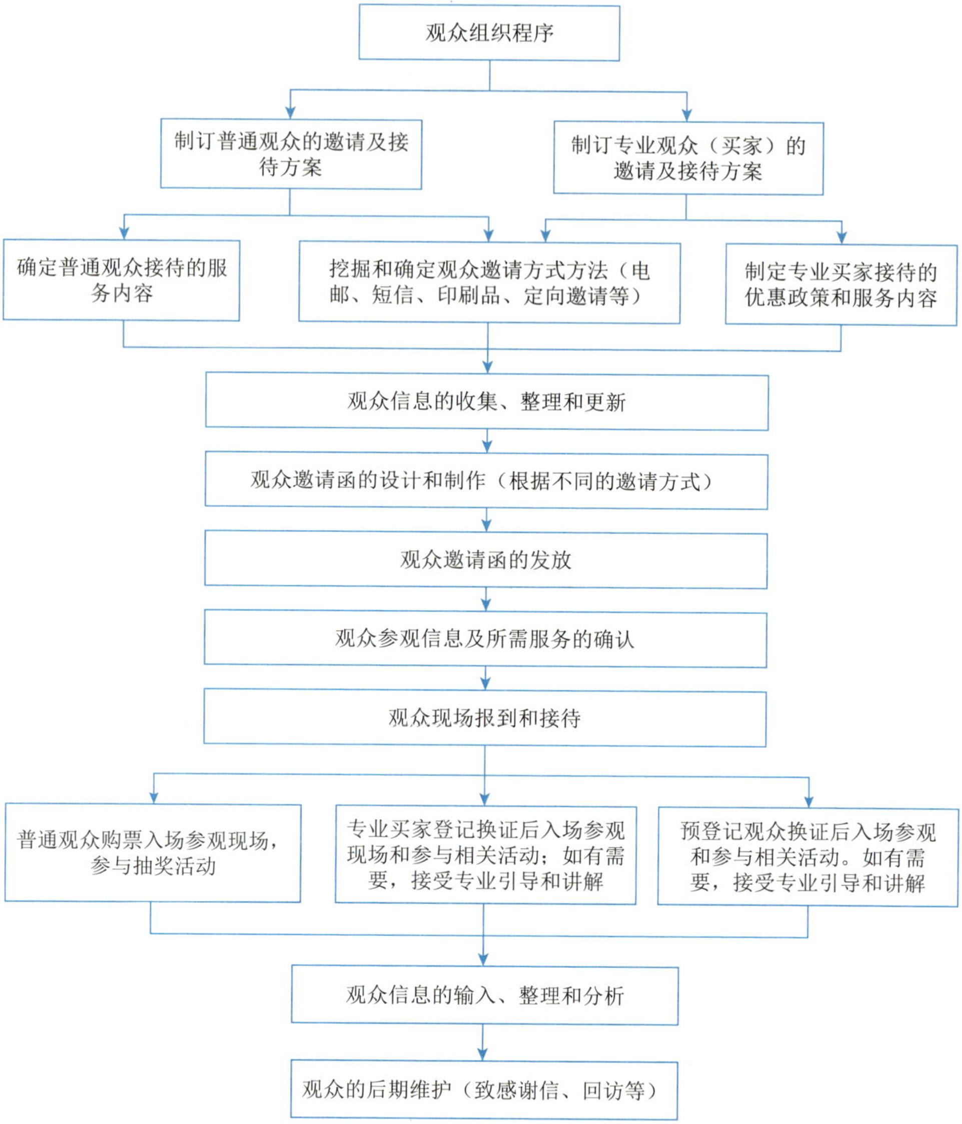

图 3-6　观众组织工作流程图

5. 观众参观信息及所需服务的确认：普通观众购票入场参观现场，参与抽奖活动；专业买家登记换证后入场参观现场和参与相关活动，如有需要，接受专业引导和讲解；预登记观众换证后入场参观和参与相关活动，接受专业引导和讲解。

6. 观众信息的输入、整理和数据分析。

7. 观众的后期维护：致感谢信等关系维护工作，将普通观众的信息登记在项目结束后进行回访，并将数据录入便于下届的邀请。

五、相关任务记录表式

以下记录表式仅供参考，可以根据实际项目和需求进行增减和修改。

3500-01 专业观众参观方案

●3500-01 专业观众参观方案

××展览会专业观众参观方案

欢迎词：

××展览会将于××年×月×—×日在××举办，我们热诚欢迎××产业的各位专业人士、经销商、××爱好者等观众到场参观。

时间、地点：

入场方法：

您可登录××展览会官方网站：填写专业观众参观登记表，并及时回传给展览会组委会。组委会将记录下您的相关资料。此方法能省去在现场排队领取表格、填写资料的时间。

在网上预登记的专业观众到达现场后可直接凭名片等有效身份证明到专业观众登记处核实身份，换取证件和相关资料，然后持有效证件入场参观。

您也可直接到展览会现场的专业观众登记处，排队领取表格，并填写相关资料。现场登记的专业观众在填写完登记表后到专业观众登记处换取证件和相关资料，然后持有效证件入场参观。

注意事项：

1. 主办单位提醒您在参观时注意保管好您的随身物品。
2. 严禁观众携带易燃、易爆等危险物品、任何动物进入展馆。展览会主办单位或其工作人员出于公共安全需要，有权要求观众配合检查其携带的物品。
3. 展馆内严禁吸烟。
4. 主办单位将视情况进行观众流量控制，由此可能给您的参观活动带来不便，敬请谅解。

5. 在有合适理由的前提下，展览会主办单位及任何获得授权的工作人员（以下简称工作人员）有权拒绝相应的观众入场或要求被认定违反此《×× 展览会参观须知》（以下简称《参观须知》）的观众退出展馆。任何被要求退出展馆的观众将在 24 小时内不允许重新进入展馆。
6. 未经展览会主办单位书面许可，观众不得对观众进行公开调查、民意测验、分发资料、募捐或捐赠。
7. 观众可以通过拨打咨询 / 投诉电话 ××× 或者登录官方网站咨询了解有关此《参观须知》的详细情况。
8. 凡观众在进入展览会场馆参观时即被视作已详细阅读本须知，并已同意和接受此《参观须知》的全部内容。

交通图：

车程：

汽车站至展馆车程
汽车东站：×× 分钟　　汽车南站：×× 分钟
汽车北站：×× 分钟　　汽车西站：×× 分钟
火车站至展馆车程
×× 站：×× 分钟　　×× 站：×× 分钟

注：×× 组委会保留对此《参观方案》的最终解释权

3500-02 专业观众参观登记表

●3500-02 专业观众参观登记表

××展览会专业观众参观登记表

填写此登记表，并及时回传展览会组委会，可使您省去在现场排队登记、等待领取证件及相关资料的时间。已登记的专业观众只需在博览会期间携带名片等身份证明，直接到展览会绿色通道处领取相关资料和证件，并进入场内参展。

个人信息：		
公司名称	中文	
	英文	

续表

地址			邮政编码	
网址			E-mail	
专业观众	姓名		职位	
	电话		传真	

综合信息：

1. 公司业务性质：（可多选）
□经销商　□专业机构　□ ×× 经营者　□采购商　□爱好者　□媒体
□其他（请注明）_______

2. 参会目的：（可多选）
□收集行业信息　□寻找合作伙伴　□寻找买家　□项目洽谈　□采购
□寻找投资项目　□了解市场发展趋势　□其他（请注明）_______

3. 您如何知道本展览会：（可多选）
□展览会宣传资料　□展览会网站　□电视、电台　□同行推荐　□报纸
□专业杂志、期刊　□户外广告　□其他展会　□其他（请注明）_______

4. 您拟参观的日期：（单选）
□ × 月 × 日　□ × 月 × 日　□ × 月 × 日　□ × 月 × 日

5. 您是否希望收到展览会或我公司举办其他展会的动态信息电子邮件：（单选）
□希望收到　□不希望收到

备注：
1. 请用正楷填写完整准确信息，完成填写后，请传真至 ××××××××；
2. 承办单位尽量满足专业观众的参观日期要求，最终换取入场证件；
3. 登记截止日期为 ×××× 年 × 月 × 日，咨询电话：××××××××；
4. 观众所登录个人信息，仅供本展会有关服务使用，不做其他用途；
5. 已登记的专业观众请于博览会期间凭名片等身份证明到博览会绿色通道处直接领取相关资料和证件，并进入场内参展。

课后实训任务

1）完成观众组织项目的实训岗位设置与工作任务分解；

2）完成观众组织项目组的组织架构图；

3）完成观众组织项目的实训工作进度计划表；

4）具体实施过程中，利用相关表式完成过程性记录；

5）观众组织项目实训结束后，完成阶段实训项目复盘与评价工作。

（具体表式设计可以参考“先导二　会展项目管理实训设计”）

项目 6　现场服务

一、项目目的

使会展项目的现场服务工作更加规范化。主要包括交通接送、报道注册、开幕式、晚宴等工作。

二、适用范围

适用于会议、展览、节事活动等各个会展项目的现场服务流程作业，指导现场服务有序开展。

三、人员职责

- **部门经理：**监督和指导现场服务方案的制订及相关工作的开展，听取工作汇报，协调人员安排等。
- **经理助理：**协助部门经理完成现场服务的相关工作。
- **项目经理：**在部门经理的指导下，按照现场服务工作流程，落实现场各项工作，并指导项目组员开展具体工作。

四、工作程序

具体工作流程参照图 3-7 交通接送工作流程图，图 3-8 报到注册工作流程图，图 3-9 开幕式工作流程图，图 3-10 晚宴工作流程图。

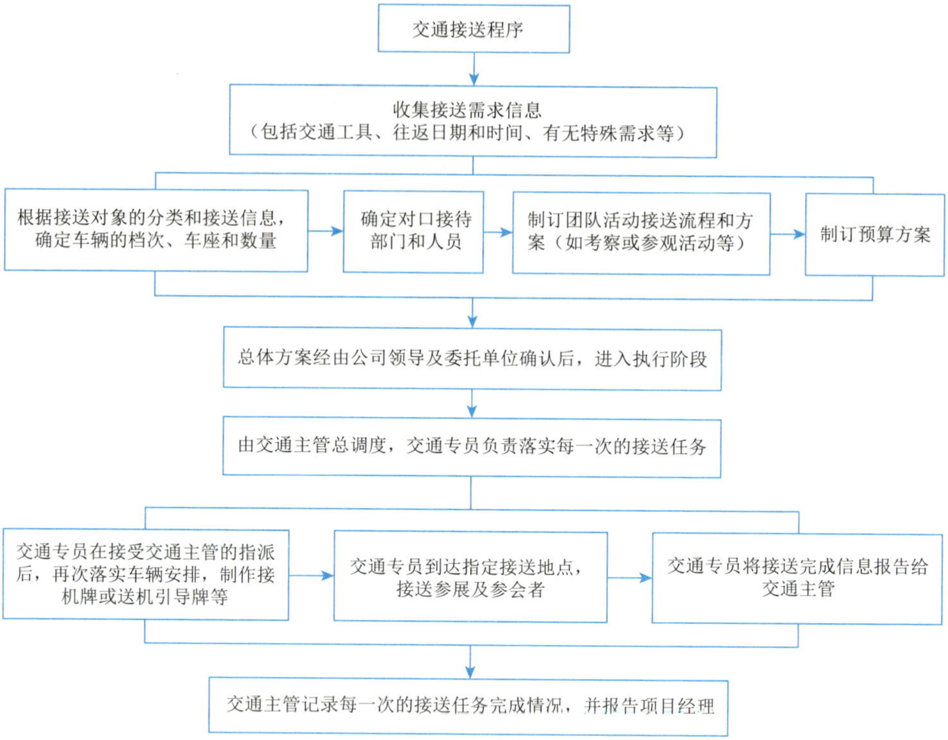

图 3-7　交通接送工作流程图

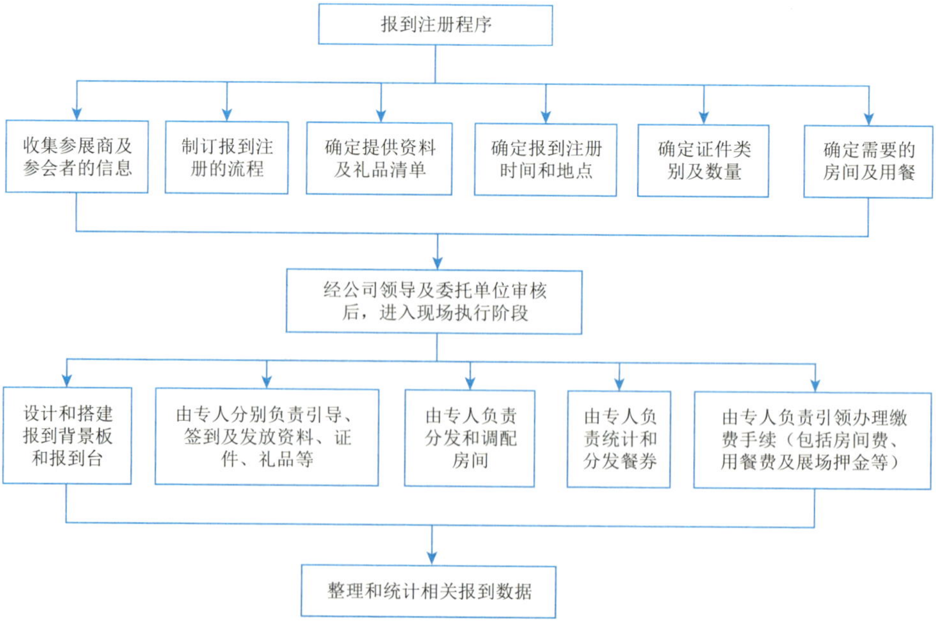

图 3-8　报到注册工作流程图

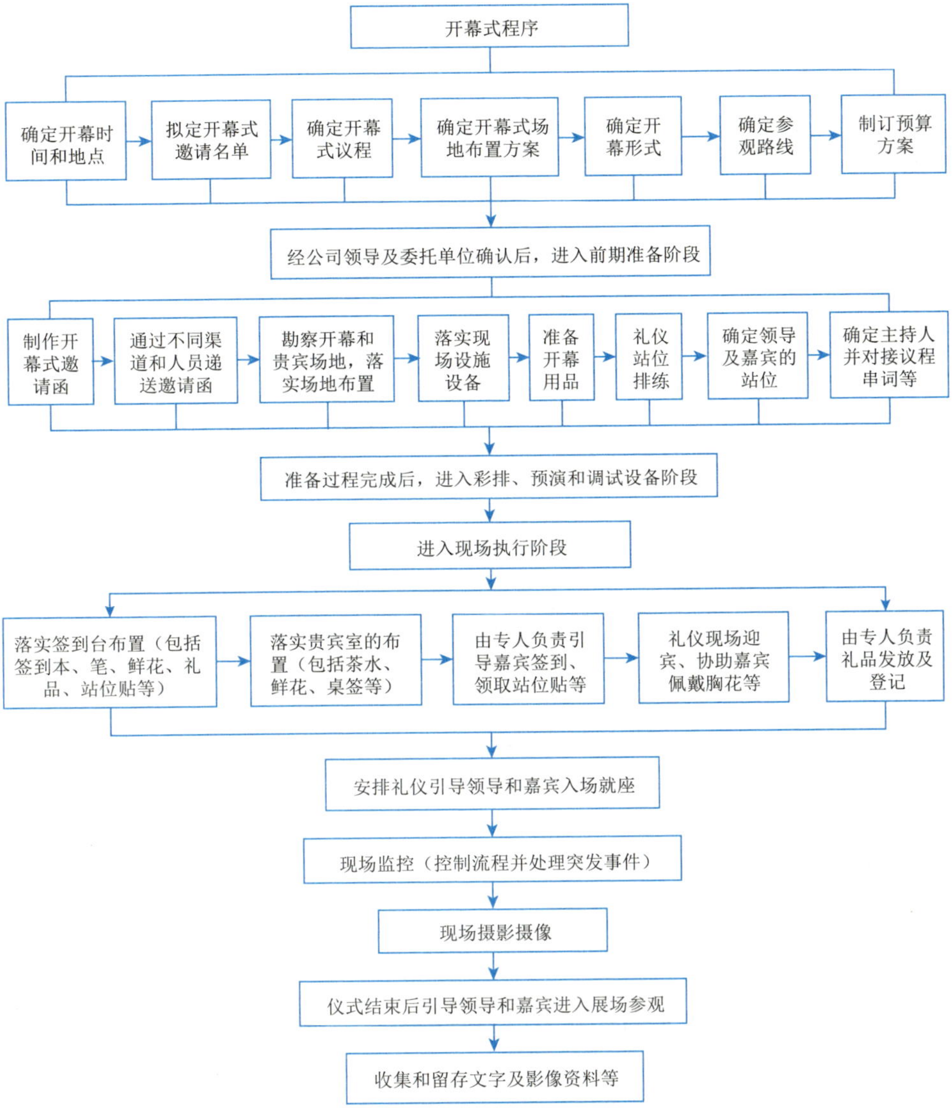

图 3–9　开幕式工作流程图

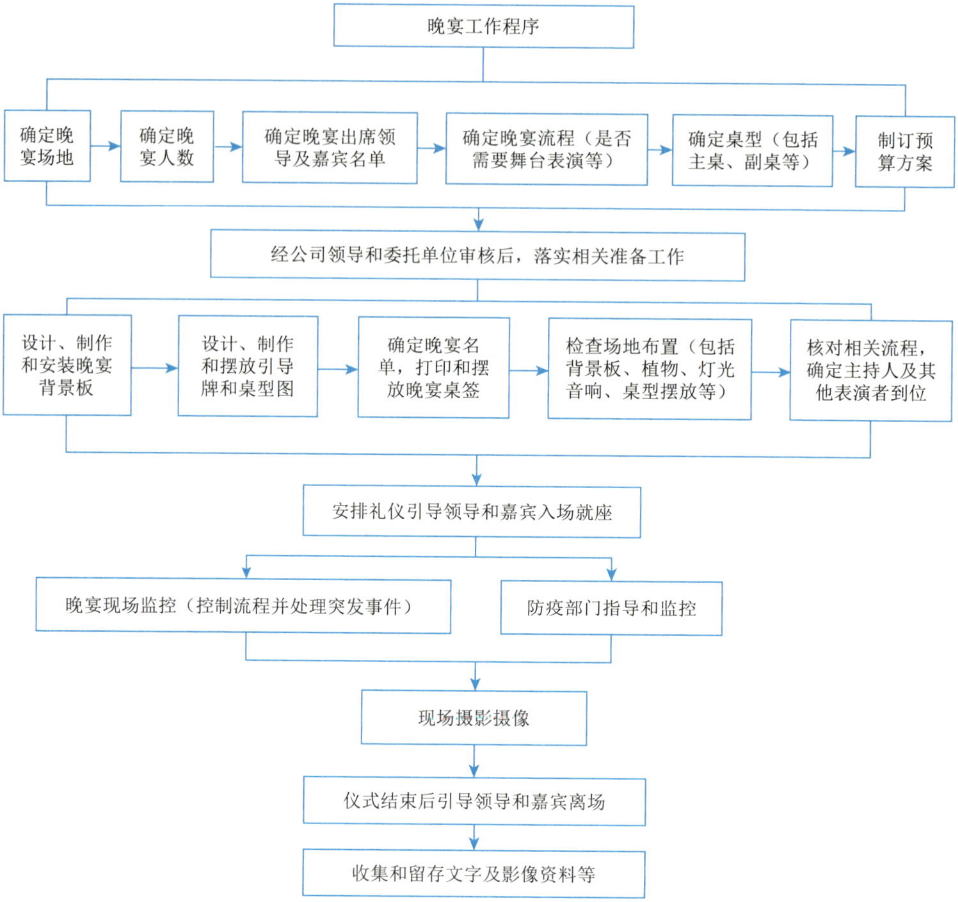

图 3–10　晚宴工作流程图

1. 现场交通接送：制订接送方案、收集接送需求信息、安排接送服务人员等。

2. 报到注册：布置现场、登记相关信息、安排入住、发放证件和参会须知等相关材料。

3. 参加开幕式：制订开幕方案、布置现场、现场执行等。

4. 参加晚宴：制订晚宴方案、布置现场、现场执行等。

5. 其他现场服务：包括安全、消防、卫生、应急、秩序维护、志愿者服务等。

五、相关任务记录表式

以下记录表式仅供参考，可以根据实际项目和需求进行增减和修改。

3600-01 交通接送表

•3600-01 交通接送表

交通接送表

项目名称：				项目经理：		责任人：	
接机信息							
序号	姓名	职务	单位	联系方式	到达日期/时间	航班号/车次	备注
送机信息							
序号	姓名	职务	单位	联系方式	返程日期/时间	航班号/车次	备注

•3600-02 注册报到表

3600-02 注册报到表

注册报到表

项目名称：							项目经理：		责任人：		
序号	姓名	职务	单位	联系方式	展位号	到杭信息	是否参加考察	是否参加××论坛	离杭信息	签名	备注

续表

项目名称：							项目经理：		责任人：		
序号	姓名	职务	单位	联系方式	展位号	到杭信息	是否参加考察	是否参加 ×× 论坛	离杭信息	签名	备注

●3600-03 住宿安排表

3600-03 住宿安排表

住宿安排表

项目名称：					项目经理：					责任人：		
酒店	序号	姓名	性别	单位	联系方式	房型	房号	住宿信息				备注
								××日	××日	××日	××日	
××酒店												
××酒店												

●3600–04 开幕式活动安排

3600–04 开幕式活动安排

开幕式活动安排

开幕式开场（3~5 分钟）

活动主持人开场致辞，介绍活动主题、目的和意义

嘉宾致辞（5~10 分钟）

嘉宾代表分别致辞，表达对活动的支持和期待

开幕仪式（10~15 分钟）

嘉宾宣布活动正式开幕，并进行剪彩仪式

文艺表演（30 分钟）

安排各种形式的文艺节目，展示主办方和参与者的文化底蕴和艺术才华

互动环节（10~20 分钟）

设计有趣的互动游戏或抽奖环节，增强观众参与感，提升现场氛围

总结致辞（10 分钟）

活动主持人总结致辞，感谢嘉宾和观众的支持，预祝本次活动能圆满举办

课后实训任务

1）完成现场服务项目的实训岗位设置与工作任务分解；

2）完成现场服务项目组的组织架构图；

3）完成现场服务项目的实训工作进度计划表；

4）具体实施过程中，利用相关表式完成过程性记录；

5）现场服务项目实训结束后，完成阶段实训项目复盘与评价工作。（具体表式设计可以参考“先导二　会展项目管理实训设计”）

项目 7　设计制作

一、项目目的

对会展项目所涉及的设计开发和制作全过程进行控制，确保相关设计能满足客户、项目和有关标准、法律法规的要求。

二、适用范围

适用于会议、展览、节事活动等各类会展项目的平面设计、空间设计、多媒体设计的全过程。

三、人员职责

- **设计任务委托部门**：负责市场调研、市场研究，结合分析评审的结果，编制下达设计任务书，由委托部门的部门经理负责审批设计任务书和最终的设计输出文件。
- **策划部**：负责各类平面、空间、多媒体等设计策划，负责编制和输出策划文件、策划评审、验证和确认工作。
- **设计部**：负责平面、空间、多媒体等设计制作，负责编制和输出设计文件、设计评审、验证和确认工作。

四、工作程序

具体工作流程参照图 3–11 内部设计工作流程图，图 3–12 外包设计工作流程图。

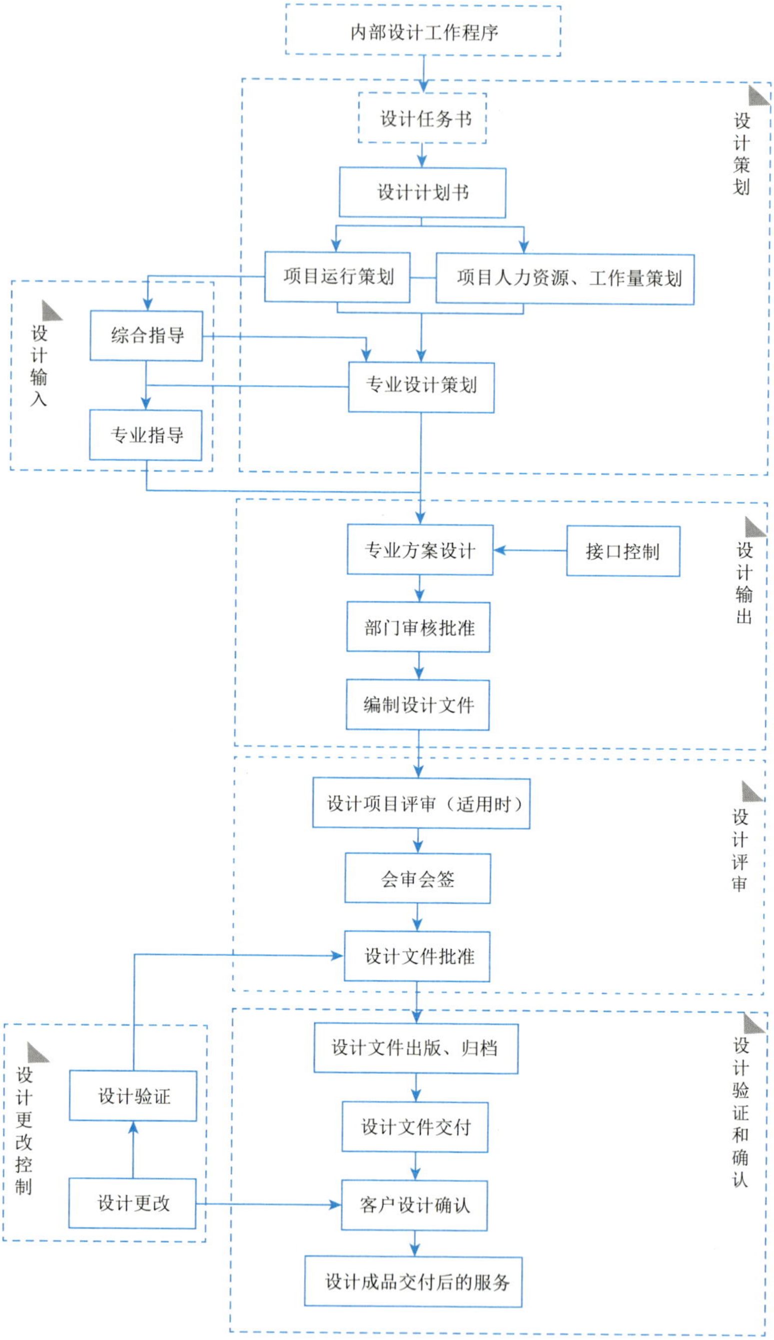

图 3-11　内部设计工作流程图

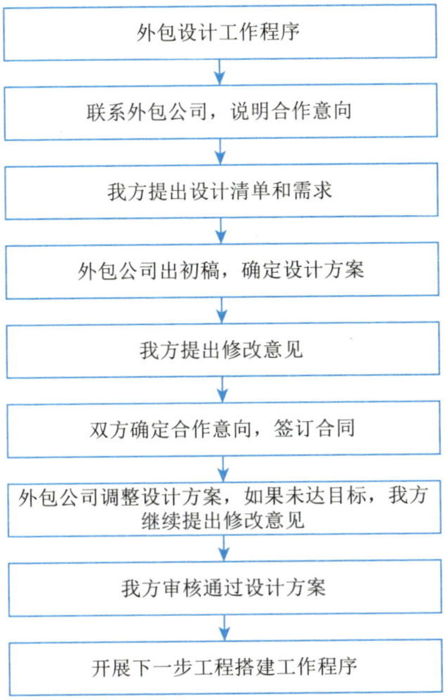

图 3–12　外包设计工作流程图

1. 设计策划：由各部门与顾客协商达成设计意向，并签订合同；然后，由各部门下达设计任务至设计开发归口部门；各归口部门在接到设计任务后，由部门经理指定一名项目设计负责人，根据“设计任务书”编制“设计计划书”；“设计任务 / 计划书”随着设计进展，必要时进行修改，重新审批。

2. 设计输入：包括顾客要求及提供资料，设计成果的功能及用途，设计所涉及的各类标准、相关法律、法规要求，在进行类似设计时，以往设计的经验和相关信息，以及设计和开发过程所必要的其他要求。设计输入内容应完整、清楚，应保持承载上述信息的记录，对不完善、含糊或矛盾的要求，应会同设计下达部门一起解决。

3. 设计输出：设计和开发的输出一般应形成文件，包括设计说明书、图纸、效果等，符合设计输入要求，并给出项目实施所需的必要信息；应包括引用标准和规范，并对可能影响实施安全或正常使用的地方用详图进行描述或用文字进行说明；在发放前应进行核对，并经设计部门经理审核批准。

4. 设计评审：设计项目负责人在设计正式输出前，对相关设计文件组织设计人员、下达部门代表（还可包括其他专家、顾客、第三方代表）进行评审，确保评审的公正性和客观性；设计评审应预测问题发生的可能性及严重性，必要时提出纠正措施和预防措施；进行设计输出评审的成果必须事先经设计部门负责人批准，并最好评审记录。

5. 设计验证和确认： 一般设计验证和确认在同一环节内安排进行，由监管方和客户进行验证和确认。

6. 设计更改控制： 当顾客提出设计更改或修改时，由设计任务下达部门负责编制设计更改联系单，明确更改或修改的内容及原因，然后提交给设计部门；项目设计负责人负责确定是否更改或修改设计文件，对需要更改或修改的内容下达原设计人员实施，并按设计程序进行必要的评审、验证和确认，在实施前由设计部门经理批准确认，并做好相关过程记录。

五、相关任务记录表式

3700-01 设计清单及要求

•3700-01 设计清单及要求

设计清单及要求

设计清单	委托部门	设计要求
背景板		说明：使用场景、规格尺寸、材料、数量、客户需求等
宣传单页面		
× 展架（易拉宝）		
招商函		
邀请函		
会议手册		
开幕式 PPT		
……		

●3700–02 设计任务 / 计划书

3700–02 设计任务 / 计划书

设计任务/计划书

设计任务情况栏			
委托部门		委托时间	
项目名称		项目编号	
经办人		事项类型	
事项内容		资料提供时间和清单	
设计要求			
初稿完成时间		成品完成时间	
委托部门经理意见：			
设计部经理意见：			
设计计划情况栏			
设计编号		设计负责人	
阶段划分及主要内容	设计人员	评审及确认人员	完成时间
备注（包括所需使用的非常规资源、特殊评审要求等）：			
设计部经理确认：			

•3700-03 客户设计确认表

3700-03 客户设计确认表

客户设计确认表

项目名称		设计编号	
设计完成时间		设计负责人	
设计部门意见： 时间：			
客户确认意见： 签字（盖章）：　　时间：			

•3700-04 设计更改联系单

3700-04 设计更改联系单

设计更改联系单

委托部门		委托时间	
项目名称		设计编号	
设计更改情况说明			
更改后设计完成时间			
委托部门经理意见：			
设计部经理意见：			

●3700–05 印刷委托工作联系单

3700–05 印刷委托工作联系单

印刷委托工作联系单

<table>
<tr><td colspan="2">委托印刷单位</td><td colspan="3"></td></tr>
<tr><td colspan="2">印刷品名</td><td></td><td>委托时间</td><td></td></tr>
<tr><td colspan="2">项目负责人</td><td></td><td>联系方式</td><td></td></tr>
<tr><td colspan="2">要求完成时间</td><td colspan="3"></td></tr>
<tr><td rowspan="4">印刷情况</td><td>品 种</td><td colspan="3"></td></tr>
<tr><td>尺 寸</td><td></td><td>数 量</td><td></td></tr>
<tr><td>纸 张</td><td></td><td>页 数</td><td></td></tr>
<tr><td>其他加工要求</td><td colspan="3"></td></tr>
<tr><td rowspan="3">交付信息</td><td>交货
时间</td><td colspan="3"></td></tr>
<tr><td>交货
地点</td><td colspan="3"></td></tr>
<tr><td>联系人</td><td></td><td>联系方式</td><td></td></tr>
<tr><td colspan="2">设计部经理确认</td><td colspan="3"></td></tr>
<tr><td colspan="2">备 注</td><td colspan="3"></td></tr>
</table>

●3700–06 展示制作委托工作联系单

3700–06 展示制作委托工作联系单

展示制作委托工作联系单

<table>
<tr><td>委托制作单位</td><td colspan="3"></td></tr>
<tr><td>项目名称</td><td></td><td>委托时间</td><td></td></tr>
<tr><td>项目负责人</td><td></td><td>联系方式</td><td></td></tr>
<tr><td>要求完成时间</td><td colspan="3"></td></tr>
<tr><td>制作内容、形式、材质及数量等要求</td><td colspan="3"></td></tr>
</table>

续表

<table>
<tr><td rowspan="3">交付信息</td><td>交付
时间</td><td colspan="3"></td></tr>
<tr><td>交付
地点</td><td colspan="3"></td></tr>
<tr><td>联系人</td><td></td><td>联系方式</td><td></td></tr>
<tr><td colspan="2">设计部经理确认</td><td colspan="3"></td></tr>
<tr><td colspan="2">备 注</td><td colspan="3"></td></tr>
</table>

课后实训任务

1）完成设计制作项目的实训岗位设置与工作任务分解；

2）完成设计制作项目组的组织架构图；

3）完成设计制作项目的实训工作进度计划表；

4）具体实施过程中，利用相关表式完成过程性记录；

5）设计制作项目实训结束后，完成阶段实训项目复盘与评价工作。

（具体表式设计可以参考“先导二　会展项目管理实训设计”）

总结与反思

1. 一个成功的会展项目执行过程管理，需要考虑的要素有哪些？

2. 在数智创新的背景下，会展执行过程中可以采取哪些新的管理手段和方法？

3. 一名优秀的项目管理人员需要具备哪些职业素养？

4. 安全保障是会展项目执行阶段中非常重要的一环，需要注意哪几点？

过程四

项目监控阶段

思维导图

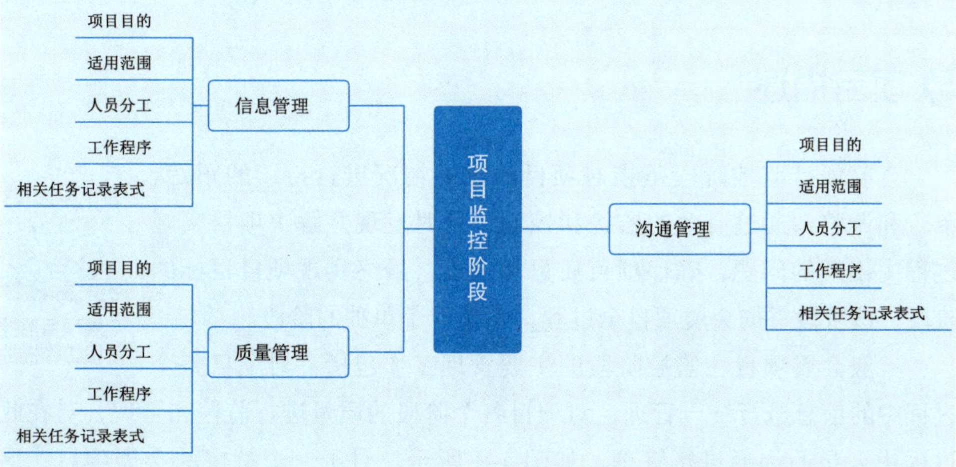

学习目标

通过本项目的学习，学生应该能够达到的知识、能力、素质目标如下：

1. 系统掌握本项目的核心概念、流程和方法，形成对会展项目监控的完整认知；

2. 通过实际操作，学习如何运用项目管理工具和技术进行会展项目的监控；

3. 掌握有效的沟通技巧和工具，增强团队成员之间的沟通与协作，减少沟通障碍，提高项目执行的效率；

4. 认识会展项目监控是一个不断发展和变化的领域，培养持续学习和自我提升的意识，不断更新自己的知识和技能，以适应行业的发展和变化；

5. 培养项目监控实施的能力，具备团队协作、严谨求实、吃苦耐劳、勇于创新、爱岗敬业的职业素养。

项目描述

微课

会展项目监控阶段工作描述

会展项目监控阶段是指对项目的进展情况进行持续的跟踪、审查和调整，通过有效的监控和控制，及时发现并解决项目实施过程中出现的问题，确保项目质量和进度，最终实现项目目标的阶段。该阶段贯彻会展项目全过程，不是一个单独的阶段。

一般会展项目在监控阶段的主要管理工作包括：对项目整个过程中的信息进行统一管理，对项目各个阶段的质量进行监控和管理，对在此过程中人员的沟通进行管理，如图 4-1 所示。对于一个特定的会展项目，这些过程不一定都存在，而在其他会展项目中可能有必要增加过程；在有些项目中，可能需要区分核心过程和支持性过程。

监控阶段的重要性在于及时识别和解决项目中的问题和风险。会展项目监控阶段能够确保项目信息的完整性与准确性，提升项目执行效率与规范性，保障项目质量与客户满意度，促进团队协作与沟通，降低项目风险与应对不确定性。这些方面共同构成了会展项目成功的关键要素，对于提升企业的项目管理水平和市场竞争力具有重要意义。

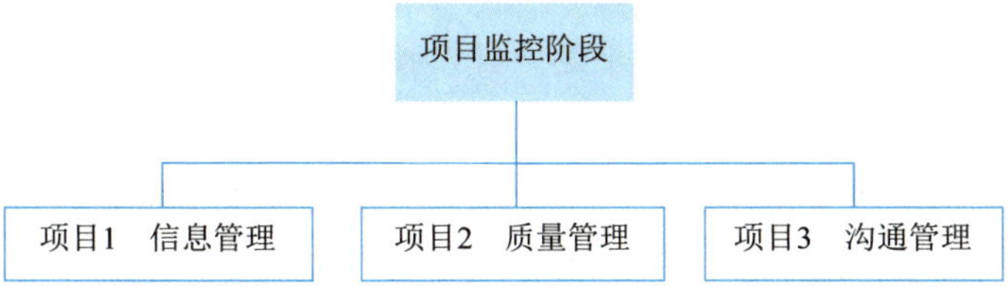

图 4-1　项目分解

典型工作结构分解

项目 1　信息管理

一、项目目的

会展信息管理是指会展项目为了实现经营的目标，以先进的信息技术为手段，对信息进行采集、整理、加工、传播、存储和利用的过程，并且对会展的信息活动过程进行战略规划，以及对信息活动中的要素进行计划、组织、领导、控制的决策过程。通过信息管理，会展项目力求实现资源得到有效配置、共享管理、协调运行，实现效益最大化。

知识小贴士

会展信息的类别

在会展项目的各个阶段，会展信息有不同的侧重点。了解这些信息，可以帮助我们更好地解决问题和进行专项管理。

会展前的信息活动：在会展开幕前，有大量的信息搜集工作需要完成。如在招展和招商活动中，需要招徕参展商，组织目标观众到场，要建立客户档案和数据库，进行一些必要的信息检索，并分门别类进行保存。在展台设计过程中，需对信息进行加工、转换，通过艺术设计，把关键的信息呈现出来，吸引注意。在展品运输过程中，需对展品物流信息进行管理展位分配，需对参展商及展品信息进行分类组织。

会展中的信息活动：会议主要是一种广播式的单向信息传播，而一些讨论会则是互动双向交流。会议过程中，还有一些非正式的人与人的面对面信息交流。在展览活动中，展台服务是一项重要的具有信息价值增值的活动，本质上是一个信息的展出和服务的过程。工作人员需向观众提供展品、市场的介绍及参展活动信息等，需要接待观众、进行洽谈、分发资料、公共关系活动及接待采访和新闻宣传工作。

会展后的信息活动：会展结束后，组织者与与会代表、参展商之间，参展商与目标观众之间的联系还会继续发挥作用，形成信息反馈，有利于对会展组织进行有效的调节、控制和改进。对各种工作进行总结和评估，对参展商和观众的问卷调查的信息进行统计和分析。利用专业媒体、大众传媒进行总结宣传，将会展的影响进一步扩大。

利用会展信息可以实现不同程度的管理，会展信息管理可分为三个层次：高层战略管理，即对会展信息和资源在整体上的一种把握和控制，包括组织架构、资源配置和会展企业战略等。中层运营管理，即对会展业务活动信息的设计、组织协调，保证各种业务活动有效开展。基层事务管理，即对具体业务处理过程进行管理。

二、适用范围

信息管理主要适用于组织内部的所有部门和人员，包括但不限于项目管理、销售管理、财务管理、人力资源管理等部门。信息管理范围包括但不限于电子资料、纸质资料、影音资料、信息化软件和平台系统等各类形式。

知识小贴士

项目文件的管理

一般来说，项目文件包括合同、设计文稿、技术规范和进展报告等，这些文件不仅是项目实施的基础，也是项目决策和管理的依据。因此，对这些文件进行有效控制和管理对项目的成功实施至关重要。

在过去，大量的项目文件都是以纸质形式存在的，文件的传达和变更都需要通过手工操作来完成。这种文件管理方式不仅协作效率低下，而且容易出现版本错误、遗漏等问题。随着时间的推移，文件版本的管理和控制只会变得更加困难。

在现代计算机系统中，文件管理是操作系统的五大职能之一，主要涉及文件的逻辑组织和物理组织，目录的结构和管理。所谓文件管理，就是操作系统中实现文件统一管理的一组软件、被管理的文件及为实施文件管理所需要的一些数据结构的总称。从系统角度来看，文件系统是对文件存储器的存储空间进行组织、分配和回收，负责文件的存储、检索、共享和保护。从用户角度来看，文件系统主要是实现“按名取存”，文件系统的用户只要知道所需文件的文件名，就可存取文件中的信息，而无须知道这些文件究竟存放在什么地方。

三、人员分工

- **信息管理部门经理：**负责组织编制信息管理手册，牵头对信息管理手册进行必要的修改和补充。
- **部门项目经理：**根据信息管理手册要求，指导项目涉及的信息按照规范的流程和形式进行收集、存储和处理，定期提交信息相关的报表和报告。
- **项目参与人员：**按照信息管理手册规定，对经手的各类信息做好录入、归档、数据处理与输出等工作。

四、工作程序

具体工作流程参照图 4–2 信息管理流程图。

1. 制订信息管理手册：组织项目相关干系人进行会议，对项目执行中各个工作环节涉及的各类信息进行明确和汇总，对收集信息、录入信息、审核信息、加工信息、信息传输和发布等工作流程进行清晰的界定，对各类报表、报告、会议记录、影音资料等进行规范性要求。

2. 信息日常传递和处理：参考信息管理手册，信息管理部门与其他工作部门协同组织收集、处理信息和形成各种反映项目进展和项目目标控制的报表和报告。

3. 信息管理手册修订：信息管理部门根据项目推进过程中信息传递和处理过程中出现的问题进行集中讨论，对项目信息管理手册进行必要的修改和补充。

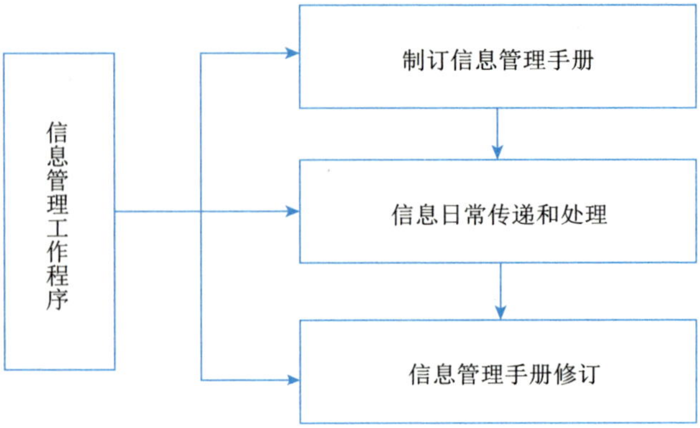

图 4–2　信息管理流程图

五、相关任务记录表式

以下记录表式仅供参考，可以根据实际项目和需求进行增减和修改。

4100–01 会议记录表

●4100–01 会议记录表

会议记录表

组织部门：________________　　　　编号：________________

会议主题：
主持人：　　开会时间：____年___月___日___时___分　至　___时___分
开会地点：
会议形式：□普通会议　□电话会议　□视频会议　□其他
参加人数：
参加人员：

续表

会议提纲：	
会议内容记录：	
解决方案：	
会议未尽事宜：	
记录人：	审核人：

●4100-02 文件借阅审批表

4100-02 文件借阅审批表

文件借阅审批表

××会展中心　　　　　　　　　　　　年　　月　　日

档案类别			
档案名称			
档案编号		借阅或复印	
借阅人		部门或单位	
借阅时间		归还时间	
借阅原因			
审批意见： 总经理：　　　　分管领导：　　　　部门经理：			

•4100-03 信息传递流程图

4100-03 信息传递流程图

信息传递流程图

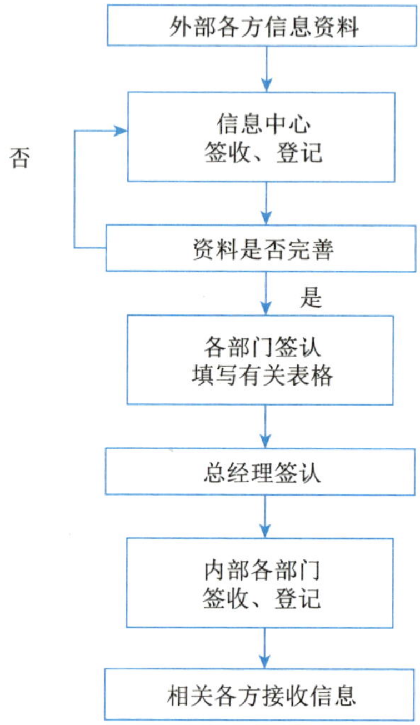

课后实训任务

1）完成项目信息管理工作的实训岗位设置与工作任务分配；

2）制作各种信息管理记录表格；

3）具体实训实施过程中，利用相关表式完成过程性记录；

4）项目实训结束后，完成阶段实训项目复盘与评价工作。

（具体表式设计可以参考“先导二　会展项目管理实训设计”）

项目2 质量管理

一、项目目的

项目质量控制的目的是确保项目的成果符合预期的质量标准和客户的需求，同时确保项目在预算、进度和资源限制下按时按质完成。目标主要包括确保项目满足需求、提高工作效率、降低成本、防止错误和缺陷、增强客户满意度、持续改进过程。在这些目标中，确保项目满足需求是核心。项目质量控制对于项目的成功非常重要，它可以为客户提供高质量的产品和服务，提高客户满意度，同时提升项目的竞争力和口碑。

二、适用范围

适用于会议、展览、节事活动等会展项目质量管理工作，是在会展项目的管理过程中对项目的质量进行监督和管理的一系列活动。这包括了从项目开始到结束的全过程，涵盖了事前控制、事中控制和事后控制等多个环节。

三、人员分工

- **项目经理：** 负责整个项目的统筹规划、组织实施、监督管理和评估，确保项目符合质量标准。
- **质量控制经理：** 专注于保证项目的质量，制订和实施项目质量管理计划。
- **技术支持人员：** 参与项目的具体实施，包括技术方案的设计、实施过程中的技术支持等，确保项目的技术要求和质量标准得到实现。
- **现场管理员：** 负责监督项目执行情况，跟踪项目进展，及时解决项目中出现的问题。
- **财务评估员：** 进行质量管理的可行性研究、具体的财务评估，然后最终选择确定拟订的处理方案，并报上级立项和审批。
- **客户服务与反馈团队：** 负责收集客户意见并制订未来一年的展会预案。

四、工作程序

具体工作流程参照图 4–3 项目质量管理工作流程图。

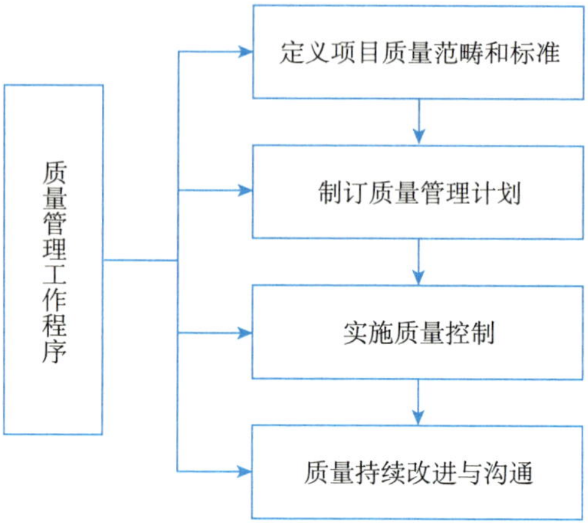

图 4–3　项目质量管理工作流程图

1. 定义项目质量范畴和标准： 在项目启动阶段，对项目中涉及质量风险的工作进行梳理，对涉及的部门进行责任的明确。并明确项目的质量标准和验收标准，为项目提供明确的质量目标和衡量标准。

2. 制订质量计划： 根据项目的目标和范围、进行市场调研、制订质量控制管理计划，包括质量保证、质量控制、质量检查和测试等，涉及人员、重要时间节点，确定一般控制手段及合适的验证手段和方法，以及准备质量管理记录程序和责任人等方面。

3. 实施质量控制： 通过各种手段对项目实施质量控制，确保项目按照质量计划执行。并通过客户回访、调查问卷、随机采访、会议等各类方式对各个环节进行质量保证和质量控制的实施，对出现严重质量问题的项目进行风险管理。

4. 质量持续改进与沟通： 对项目进行持续追踪，总结和分析项目中出现的问题，及时采取措施加以解决，提高项目的质量水平和管理水平。

五、相关任务记录表式

以下记录表式仅供参考，可以根据实际项目和需求进行增减和修改。

●4200-01 质量管理计划

4200-01 质量管理计划

质量管理计划

项目名称：________________　　准备日期：________________

质量角色和责任：

角色： 1. 描述所需要的角色 2. 3. 4.	责任： 1. 描述与角色相对应的责任 2. 3. 4.

质量保证方法：

描述用于实施质量保证活动的过程、程序、方法、工具和技术

质量控制方法：

描述用于实施质量控制活动的过程、程序、方法、工具和技术

质量提高方法：

描述用于实施质量提高活动的过程、程序、方法、工具和技术

●4300-02 质量测量指标

4300-02 质量测量指标

质量测量指标

项目名称：________________　　准备日期：________________

编号	项目	测量指标	测量方法
根据 WBS 或其他标志	测量的项目	测量的指标	测量的方法

●4200–03 会展服务质量评价指标体系

4200–03 会展服务质量评价指标体系

会展服务质量评价指标体系

分类	一级指标	二级指标	内容	分值
客观评价（80 分）	服务能力（50 分）	服务设施（12 分）	会展服务机构具备开展会展所需的基础设施设备（如照明、视听设备等）	4
			会展服务机构应形成设施设备的安全管理制度并良好运行	4
			设施设备应具有实用性与便利性，且配备有无障碍设施设备	2
			展区展位、展台等布局合理、美观	2
		组织管理（20 分）	会展服务机构应具备覆盖会展要素的服务质量控制制度、经营管理制度、财务管理制度、人力资源管理制度、流程管理制度	10
			会展服务机构的各项管理制度运行良好	10
		服务保障（18 分）	食宿服务：为会展客体提供住餐饮、住宿服务	2
			宣传服务：为会展客体提供媒体宣传活动、广告合作及网站广告服务	5
	服务能力（50 分）	服务保障（18 分）	物流服务：为会展客体提供物流公司进行货物物品运输的服务	1
			现场服务：为会展客体提供接待引导服务；配备安检设施与安保人员，并在会展展区入口设置安检，检查违禁物品；配备保洁设施设备与保洁工作人员，在会展开展期间提供保洁服务	3
			供电与通信保障：为会展活动提供电力供应保障服务；提供稳定的宽带网络，并保持通信信号畅通	2

续表

分类	一级指标	二级指标	内容	分值
客观评价（80 分）	服务能力（50 分）	服务保障（18 分）	医疗卫生服务：配备医疗箱，医疗箱中包括但不限于急救用品、创可贴、纱布、消毒液；配备体温检测设备、口罩等防护装备及消杀用品，进入会展展区时应进行体温检测，会展开展时定时消毒	3
			志愿者服务：会展主体应建立完善的志愿者激励机制及志愿者管理制度，并在会展开展之前对志愿者开展针对性培训	1
			仓储与寄存服务；为会展客体提供货物物品的仓储服务及行李寄存服务；在服务台或会展出入口设置失物招领	1
	服务特性（30 分）	功能性	会展主体应充分满足会展客体的基本需求及个别需求	5
		经济性	会展主体的收费应设置合理，收费明细应进行公开公示；应采取措施保证会展绿色、低碳	5
		安全性	会展主体应保证会展客体的人身财产、信息的安全性、服务设施的安全与可靠程度等	5
		时间性	会展主体应保证服务提供的及时程度、准时程度及对会展客体需求和投诉的处理时限	5
		舒适性	会展主体应保证服务设施的完备与舒适程度、方便程度，服务环境的整洁与美观程度等	5
		文明性	会展主体服务人员的礼貌程度、形象整洁程度等	5

续表

分类	一级指标	二级指标	内容	分值
主观评价（20 分）	设计调查问卷调查会展客体对会展服务质量的满意度评价			20
总分				100

课后实训任务

1）完成项目质量管理的实训岗位设置与工作任务分解；

2）完成项目质量管理工作计划；

3）具体实施过程中，利用相关表式完成过程性记录；

4）项目质量管理实训结束后，完成阶段实训项目复盘与评价工作。

（具体表式设计可以参考“先导二　会展项目管理实训设计”）

项目3 沟通管理

一、项目目的

项目周期的各个阶段环环相扣，每一环都十分重要。为了做好每个阶段的工作，以达到预期标准和效果，就必须在项目部门内部、部门与部门之间，以及项目与外界之间建立沟通渠道，快速、准确地传递沟通信息。监控人员需要及时向项目干系人和管理层报告项目的进展情况和问题，确保信息的及时传递和共享。

通过有效地制订沟通策略和计划，可以提升项目管理水平，使项目内外各部门达到协调一致，解决沟通障碍；使项目成员明确各自的工作职责，并且了解他们的工作对实现整个组织目标所做出的贡献；通过大量的信息沟通，找出项目管理的问题，制定政策并控制评价结果；提高会议效率；创建与利益相关者的有效对话；有效管理跨文化沟通等。满足会展项目管理的各项需要，促进项目规划和执行的成功，提高交付水平。

知识小贴士

常用的项目沟通管理方法

项目沟通是项目管理中至关重要的一环，良好的沟通能够有效地减少误解，提高团队凝聚力，从而保证项目顺利进行。常用的项目沟通管理方法如下：

制订沟通计划：在项目启动阶段，项目管理团队应制订沟通计划，明确沟通的目的、对象、内容、频率和方式。沟通计划应该与项目进度计划相结合，并根据进度计划的变更及时调整，确保沟通与项目进度的一致性。

建立沟通渠道：建立多样化的沟通渠道，包括会议、邮件、电话、即时通信工具等，根据接收者的习惯和偏好选择最合适的沟通渠道，确保信息传递的及时性和有效性。

倾听和理解：沟通不仅是信息的传达，更重要的是倾听和理解。项目管理者需耐心倾听团队成员和利益相关者的意见和建议，及时解决问题，增强沟通的双向性。

及时反馈：及时反馈是沟通管理的重要环节。对于接收到的信息和意见，项目管理者应当给予及时回复和处理，避免信息滞后和误解，保持团队的积极性和信任度。

面对面沟通：尽量采用面对面沟通的方式，可以更加直接、真实地传递信息，减少误解和不必要的纷争。尤其是在重大决策和问题处理时，面对面沟通可以更好地传递信息，提高沟通效果。

制订应急沟通计划：项目管理中难免会出现问题或者突发情况，因此需要制订应急沟通计划。在遇到问题时，项目团队能够迅速做出反应，及时有效地进行沟通，避免问题扩大。

建立沟通文化：建立积极向上的沟通文化是项目成功的关键。项目管理者应该营造开放、宽松的沟通氛围，鼓励团队成员积极交流，提高团队执行效率。

通过以上几种项目沟通管理方法，可以帮助项目管理者更好地进行沟通管理，提高项目团队的协作效率，确保项目顺利完成。在实际项目管理中，可以根据项目的特点和团队的情况选择合适的沟通管理方法，不断改进和完善沟通管理，提高项目管理水平和团队绩效。

二、适用范围

适用于会议、展览、节事活动等会展类项目的沟通管理工作。会展项目沟通管理过程是个动态的过程，主要包括的计划文件有：沟通需要和对项目的期望，如何及以何种方式交换信息，每项沟通何时在何处进行，由何人负责提供各种形式的沟通等。

知识小贴士

项目沟通管理工具

项目管理涉及各种各样的活动和任务，需要协调和沟通的内容也非常繁杂，为了高效地进行沟通和合作，项目管理团队需要使用一些有效的工具来帮助他们进行沟通和协作。

电子邮件：电子邮件是最常见的沟通工具之一。它可以用于项目团队成员之间的沟通，或者与其他外部利益相关者的沟通。通过电子邮件，团队成员可以交流意见、分享文件和进度更新等。然而，由于电子邮件的实时性有限，不能满足即时沟通的需求，所以在项目管理中与其他实时沟通工具配合使用效果更佳。

在线聊天工具：在线聊天工具像即时通信软件一样，能够提供快速、实时的沟通。一些常见的在线聊天工具如QQ、微信、钉钉等，它们可以建立团队内部的聊天群组方便成员之间的即时沟通。这些工具还提供了文件共享、任务分配和日程安排等功能，帮助项目团队更好地进行协作和协调工作。

项目管理软件：项目管理软件是专门为项目管理而设计的工具，能够帮助团队进行项目计划、进度跟踪、任务分配和资源管理等工作。一些知名的项目管理软件包括Jira、Asana和Trello等。这些软件提供了直观的用户界面，让团队成员可以轻松地查看项目进度和任务状态，并进行实时的协作。

在线会议工具：由于分布式团队的兴起，线下会议成本高昂，时间成本也较高，所以在线会议工具变得非常重要。通过视频会议工具如Zoom、腾讯会议、Skype等，项目团队成员可以随时随地进行面对面的远程会议。这种工具不仅可以提供实时交流的效果，还能够分享屏幕、共享文档和记录会议内容，方便后续参考和回顾。

协同编辑工具：协同编辑工具如WPS文档和Microsoft Office 365，都可以实现多人同时编辑同一个文档的功能。这在项目管理中非常有用，因为团队成员可以共同编辑项目计划需求文档和报告等，保证各方对项目文档的一致性和准确性。

总结起来，项目管理涉及大量的沟通和协作工作，为了提高效率，选择合适的沟通工具非常重要。

三、人员分工

- 项目经理：负责项目整体沟通管理计划的规划、执行和监控。
- 人力资源经理：协助项目经理完成团队成员的有效沟通，提供必要的沟通管理培训和相关问题的调查和解决。
- 部门经理：负责制订沟通计划、确保信息流通畅通无阻、解决沟通中的问题，并对项目团队成员进行指导和培训。
- 公关协调员：负责处理与政府、社会公众、内部员工等的关系，同时处理突发事件，以保证良好的社会效果与展览效益。

● **外部沟通协调员：** 负责与项目外部相关方（如供应商、合作伙伴等）的沟通协调工作。

● **信息管理专员：** 负责收集、整理和发布项目相关信息，确保所有团队成员和相关方都能及时获取准确的信息。

● **跨文化沟通专家：** 负责有效地处理国内外的项目相关方之间的沟通事项，识别项目风险，并提高交付水平。

四、工作程序

具体工作流程参照图 4–4 沟通管理工作流程图。

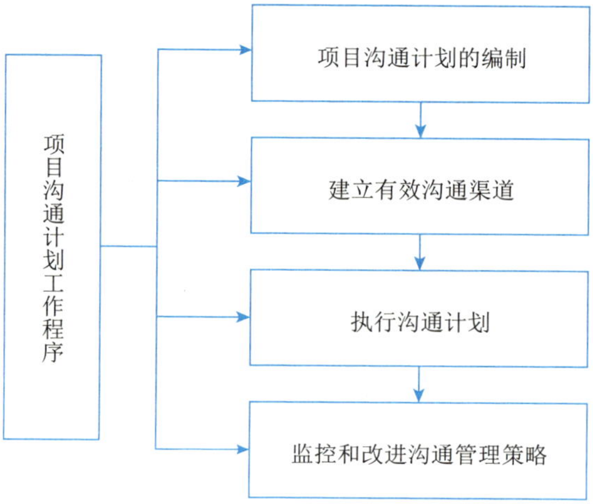

图 4–4　沟通管理工作流程图

1. 项目沟通计划的编制： 根据项目的具体需求和特点，编制详细的沟通计划。项目沟通计划对项目实施过程中项目利益相关者和项目信息之间的种种关系做出了清晰明确的规定，其内容主要包括：项目信息的来源、收集的方式和渠道（即以何种方式从何处收集信息）；信息的说明（即信息内容的格式、符号、详尽程度等）；信息发布的对象、传递的方式和渠道（即信息以何种方式流向何人）；信息保存和访问的程序（即何种信息需要保存、以什么形式保存、保存多久、获得信息需要经过哪些程序）；沟通进度安排（即何时沟通、采取何种沟通方式）；沟通计划变更程序。项目计划的制订是一个动态过程，沟通计划也不例外。如果沟通计划需要调整，应当遵照明确的程序。

2. 建立有效沟通渠道： 包括正式的会议、非正式的交流会议、电子邮件、备忘录、即时通信工具等。

3. 执行沟通计划：按照沟通计划进行实施，确保所有团队成员和利益相关者都能及时获取项目进展的信息。

4. 监控和改进沟通管理策略：定时收集团队成员对信息沟通的评估和反馈，对沟通执行中的不足进行总结，提出实现有效沟通的优化策略。

五、相关任务记录表式

以下记录表式仅供参考，可以根据实际项目和需求进行增减和修改。

4300-01 沟通管理计划

- **4300-01 沟通管理计划**

沟通管理计划

项目名称：______________　　准备日期：______________

信　息	接收者	方　法	频　率	发送者
描述需要沟通的信息，如状态、报告、项目更新、会议时间等	列出将要接收信息的人员或组	描述信息如何被发布，如通过E-mail、会议、网络会议等	列出信息多久被提供	提供信息的人员或组

术语或缩写	定　义
列出所有项目所具有的或被特别适用的独特术语或缩写	提供术语的定义或缩写的全称

沟通约束或假设：

列出约束或假设，约束可以包括对受控的或保密的信息的描述

附上相关的沟通图或流程图。

4300-02 员工沟通记录表

•4300-02 员工沟通记录表

员工沟通记录表

沟通日期		沟通地点	
参加人员	姓名	部门	岗位
反馈问题情况			
问题 1	问题描述		
	员工 1 反馈		
	员工 2 反馈		
	员工 3 反馈		
问题 2	问题描述		
	员工 1 反馈		
	员工 2 反馈		

续表

问题落实情况			
反馈问题	负责人	建议措施	实施时间

课后实训任务

1）完成沟通管理工作的实训岗位设置与工作任务分解；

2）编制沟通管理计划；

3）具体实施过程中，利用相关表式完成过程性记录；

4）沟通管理实训结束后，完成阶段实训项目复盘与评价工作。

（具体表式设计可以参考“先导二　会展项目管理实训设计”）

总结与反思

1. 一个成功的会展项目如何实现项目信息的有效传递？

2. 在技术创新的背景下，会展执行过程中可以采取哪些新的质量控制手段和方法？

3. 一名优秀的项目经理，如何在项目推进的过程中实现无障碍沟通？

过程五

项目收尾阶段

思维导图

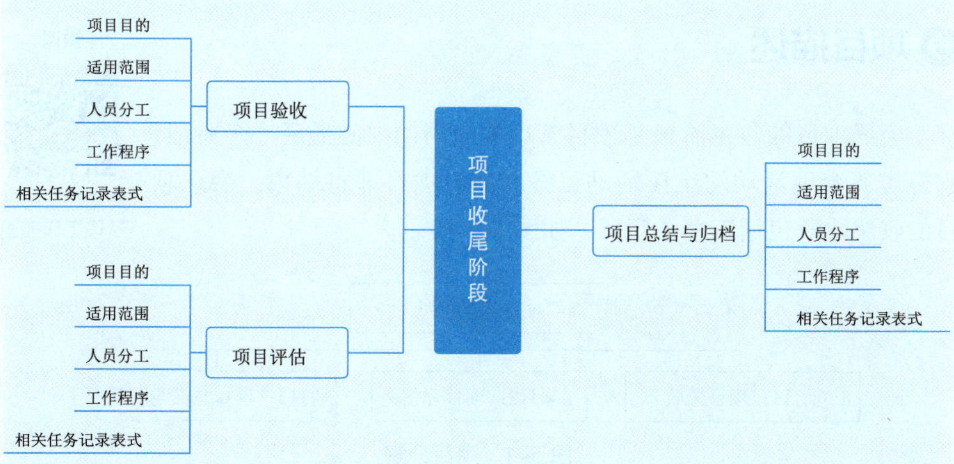

学习目标

通过本项目的学习，学生应该能够达到的知识、能力、素质目标如下：

1. 掌握本项目的相关知识点，培养通过不同途径获取最新资讯的能力，遵循客观规律与科学精神；

2. 了解不同类型会展项目收尾过程中需要完成的典型工作任务和工作目标，培养明确的社会责任感、较强的集体意识；

3. 培养会展项目的评估、总结和归档的能力，遵守道德准则和行业规范，具备精益求精、诚实守信、爱岗敬业的职业素养；

4. 培养对于会展项目有始有终、始终如一的坚持标准一致的要求素养，具备团队协作、严谨求实、吃苦耐劳、勇于创新的职业素养；

5. 培养项目总结复盘等分析问题和解决问题的能力，积累工作经验、提高专业悟性，培养适应社会工作环境的能力和职业拓展能力。

项目描述

微课

会展项目收尾阶段工作描述

会展项目的收尾阶段是项目管理生命周期中的最后一个阶段，它标志着会展活动的主要活动已经完成，项目即将结束。会展项目的收尾阶段包括三个子项目，如图 5-1 所示。

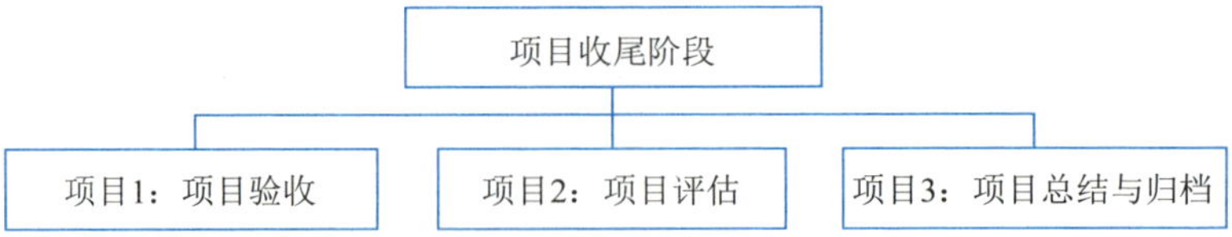

图 5-1 项目分解

在这个阶段，主要包括以下几个方面的工作：确保所有的会展活动、展示、会议等已经按照计划执行完毕，所有预定的可交付成果都已经完成；收集和整理项目过程中产生的所有文档，包括会议记录、财务报告、市场调研、技术文件等，以便于项目评估和未来参考；对项目的整体表现进行评估，包括项目目标的达成情况、预算的使用、时间管理、风险控制等，以及收集参展商、观众和合作伙伴的反馈；记录项目过程中学到的经验教训，分析成功的因素和需要改进的地方，为未来类似项目提供参考；完成所有财务结算工作，包括支付最终账单、处理任何未解决的财务事项，以及进行最终的财务审计；根据需要提供后续服务，如展后跟踪、客户关系维护等。

会展项目收尾阶段是确保项目顺利结束，并为未来项目提供宝贵经验的关键时期。良好的收尾可以增强利益相关者的满意度，提升组织的形象，并为组织带来长期的利益。

典型工作结构分解

项目1　项目验收

一、项目目的

会展项目的验收工作是为了确保会展活动的质量，满足所有利益相关者的期望，并为未来的会展项目提供改进的依据，是确保会展活动顺利进行并达到预期效果的重要环节。会展项目验收可验证会展项目是否成功实现了预定目标，是否符合相关质量标准，以及是否合理使用了资源。此外，验收过程还可能包括对项目文档的完整性、规范性进行检查，确保所有相关的管理和技术文档齐全并得到妥善归档。会展项目验收不仅标志着一个会展项目的结束，同时也为未来类似项目的策划和执行提供了宝贵的经验和反馈。

知识小贴士

会展项目验收的分类

微课

会展项目验收的分类

当会展项目结束时，及时对项目进行验收，无论是对项目团队、项目客户，还是对项目本身都有非常重要的意义和作用。会展项目验收有以下分类：

1. 按会展项目的生命周期分类

（1）合同期验收。这是指会展项目团队依据项目目标、项目范围、项目融资等编制出项目进度计划、项目质量标准、费用预算等项目目标文件后，项目客户针对目标文件论证其具有法律效力的合同，可作为项目启动的依据和项目完成后进行评价的标准。

（2）中间验收。这是指在会展项目实施过程中，由客户、项目团队等根据项目的进度情况对项目进行适时的跟踪检查，以保证项目能在规定时间内按预算成本达到预定目标，尤其对于实施过程中遇到困难、有较大变动的项目，对其进行中间验收，可以使各方当事人进一步了解项目情况，以保证项目顺利完成。

（3）结项验收。这是指会展项目基本完成，由项目客户会同项目团队等有关方面对项目的工作成果进行审查和验收，是项目质量检查的最后关口，也是对项目的总体验收。

2. 按会展项目验收的范围分类

（1）部分验收。这是指会展项目取得阶段性成果后，项目接收方对阶段性成果进行验收，如果成果合格，可提前投入使用，获得一定的效益。对那些明显分出阶段性成果的项目进行部分验收，可充分有效地利用资源。通过部分验收报告还可为后续的全部验收奠定基础，做好准备。

（2）全部验收。这是指会展项目全部完成后，对取得的成果进行全面、综合考核，以便为项目的终结做出合理结论。所有的项目都必须有全部验收的过程。对于大型综合项目，可通过对各个子项目的分部、分项验收来完成全部验收；对于小型项目，可不必进行分项验收而仅进行全部验收。

3. 按会展项目验收的内容分类

按验收的内容，会展项目验收可以分为项目质量验收和文件资料验收。

（1）项目质量验收：对会展项目成果的质量进行评估，确保符合预定标准。

（2）文件资料验收：检查会展项目相关的文件和资料是否齐全、准确、符合要求。

二、适用范围

适用于会议、展览、节事活动等会展类项目的验收工作。工作范围涉及项目从启动到结束全周期的审查与确认，确保项目既定目标的圆满实现和各项标准的达标。编制项目验收报告，总结项目经验教训，提出建议供未来项目参考，并将所有验收相关资料整理归档，为项目历史记录和后续可能的审计留下完整证据。

三、人员分工

● **验收组组长：**负责组织协调整个验收工作，制订验收计划，主持验收会议，汇总并审核验收报告。

● **质量验收专员：**专注于项目质量的验收，包括布展质量、服务品质、设施设备功能等，确保所有成果符合合同约定及行业标准。

● **财务审计专员：**负责项目财务审计，审核项目预算执行情况、费用支出合理性，以及财务报告的准确性。

● **文档资料专员：**负责收集、审核并整理所有项目文档，包括设计图纸、会议记录、变更通知、测试报告等，确保资料的完整性和合规性。

四、工作程序

具体工作流程参照图 5–2 会展项目验收工作流程图。

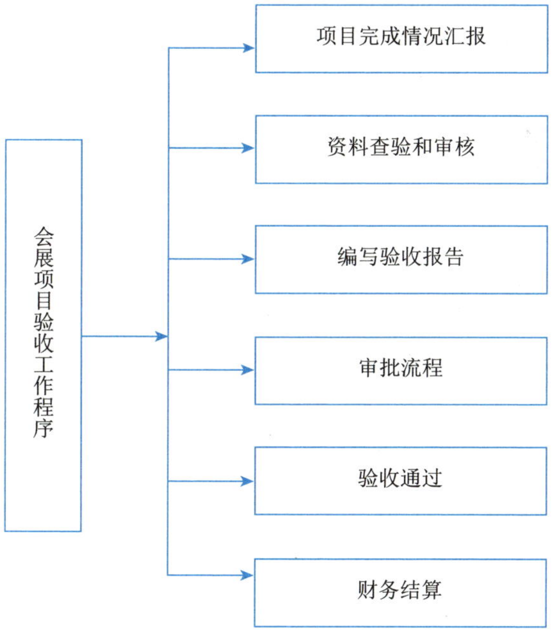

图 5–2　会展项目验收工作流程图

1. 项目完成情况汇报：项目组需向验收团队汇报整个会展项目的完成情况，包括项目目标的实现程度、实施过程、遇到的问题及解决方案等。

2. 资料查验和审核：对项目相关的文档资料进行查验和审核，确保所有文档齐全、规范，符合项目要求和标准。

3. 编写验收报告：编写详细的验收报告，记录验收过程中的所有关键信息，包括项目完成情况、存在的问题、整改措施和最终的验收结论。

4. 审批流程：验收报告需提交给项目相关的利益方进行审批，包括项目发起人、投资者、监管部门等。

5. 验收通过：一旦所有相关方对验收报告无异议，项目即被认为是正式通过验收。

6. 财务结算：完成所有财务结算工作，包括项目支出的审核、成本控制的评估以及与供应商和承包商的最终付款。

五、相关任务记录表式

以下记录表式仅供参考，可以根据实际项目和需求进行增减和修改。

5100-01 会展项目验收报告

●5100-01 会展项目验收报告

会展项目验收报告

一、基本信息：

● 项目名称：

● 申请单位：

● 举办时间：　　年　月　日至　　年　月　日

● 举办场地名称：

● 举办场地地址：

● 场地运营单位名称：

二、项目完成情况：

● 展会总面积（平方米）：

● 展商数量：

　国内展商数量：

　国际展商数量：

● 观众总人数：

　国内观众人数：

国际观众人数：

三、技术与质量指标：

● 展会级别或主办方级别：

● 外省参展企业占比：

● 国际参展企业占比：

● 专业观众人数占观展总人数比例：

四、时效性指标：

● 是否如期举办：

五、满意度指标：

● 参展商满意度：

● 观众和买家满意率：

六、经济效益：

● 举办方展览收入：

● 线上成交额：

七、社会效益指标：

● 媒体报道情况：

● 互联网宣传情况：

八、加分项：

● 展会国际化认证：

● 行业引领作用：

九、验收结论：

● 现场验收情况：

● 存在问题及整改建议：

● 验收人员签字：

十、验收人员：

● 申请单位代表签字：

● 场地方代表签字：

● 会展主管部门代表签字：

● 技术提供方代表签字（如适用）：

十一、验收日期：

•5100-02 会展项目委托合同验收表

5100-02 会展项目委托合同验收表

××项目委托合同签收表

项目名称：______________　　准备日期：______________

项目经理：______________　　合同代表：______________

卖方绩效分析

哪些方面做得好：	
范围	描述产品范围处理得好的方面
质量	描述产品质量处理得好的方面
进度	描述项目进度处理得好的方面
成本	描述项目成本处理得好的方面
其他	描述采购其他处理得好的方面
哪些方面有待改进：	
范围	描述产品范围有待改进的方面
质量	描述产品质量有待改进的方面
进度	描述项目进度有待改进的方面
成本	描述项目成本有待改进的方面
其他	描述采购其他有待改进的方面

合同变更记录

变更编号	变更描述	同意日期
编号	简单描述变更，如果必要，可以参考变更日志	签字日期

合同缺陷记录

缺陷描述	解决方案	解决日期
描述所有索赔或缺陷	描述解决方案，包括所有仲裁或缺陷解决方案	签字日期

合同完成日期 ________________________________

签字 ________________________________

最终支付日期 ________________________________

●5100-03 会展项目签收表

5100-03 会展项目签收表

××项目签收表

项目名称：________________　　准备日期：________________

项目经理：________________

项目描述： 提供项目总体水平的描述，可以从项目章程中摘录信息

项目目标	成功标准	是否满足	偏　差

范围：

描述项目计划好的必须获得的项目收益的范围	决定项目是否成功的详细的、可测量的标准	提供符合成功标准的证据	解释范围的任何偏差

时间：

描述项目应该完成的时间目标	决定项目进度是否成功的详细的、可测量的标准	识别最终交付日期，可以使用产品验收表格中的信息	解释进度的任何偏差

成本：

描述项目花费的目标	定义项目是否成功的详细的、可测量的标准	输入项目的最终成本	解释成本的任何偏差

质量：

描述项目质量的标准	项目详细的、可测量的、必须被满足的标准	输入来自产品验收表格的检验和确认信息	解释质量的任何偏差

其他：

项目其他要达到的任何类型的目标	定义成功的详细的、可测量的结果	输入其他达到目的的证据	解释任何偏差

合同信息：

提供合同信息，输入来自合同签收报告的信息

批准：

项目经理签字	委托人签字
项目经理姓名	委托人姓名
日期	日期

课后实训任务

1）完成项目验收的实训岗位设置与工作任务分解；

2）完成项目验收组的组织架构图；

3）撰写项目验收报告；

4）具体实施过程中，利用相关表式完成过程性记录；

5）项目验收实训结束后，完成阶段实训项目复盘与评价工作。

（具体表式设计可以参考“先导二　会展项目管理实训设计”）

项目2 项目评估

一、项目目的

会展项目评估主要是通过数据采集、整理、分析后对会展项目的运作质量做出客观真实的评价，并通过参展商、观众，特别是专业观众的调研来全面了解会展项目的效果。会展项目评估是一项复杂且细致的工作，需要多方面专业人员的共同参与和协作；是一个对会展活动的效果和影响进行系统分析的过程，有助于总结经验、发现不足，并为未来的会展活动提供改进方向。

知识小贴士

会展项目评估的方法和原则

会展项目评估是一个系统的过程，它涉及对会展项目从策划、执行到效果等多个方面的综合分析。以下是会展项目评估中常用的方法及原则：

一、评估方法

指标分析法：通过设定一系列量化或定性的指标，对会展项目的各项成果进行评价。

调研问卷法：设计问卷收集参展商、观众及合作伙伴的反馈，了解他们对会展的满意度和建议。

层次分析法（AHP）：将评估指标分为不同的层次，通过对比分析确定各层次的重要性和影响力。

对标分析法：与行业内其他会展项目进行对比，找出自身优势和不足。

德尔菲法：通过专家咨询，收集行业内专家的意见，对会展项目进行评估。

深度访谈法：与会展的关键参与者进行深入交流，获取更细致的反馈信息。

二、评估原则

数据真实性：确保评估过程中使用的数据真实、准确。

评价客观性：评估过程中应保持客观，避免主观偏见影响评估结果。

全面性：评估应涵盖会展的各个方面，包括策划、执行、效果、风险管理等。

系统性：建立系统化的评估流程，确保评估工作的连贯性和一致性。

目标导向：评估应与会展项目的目标紧密结合，以目标完成情况为重要评价依据。

持续性：评估不仅是一次性活动，而是一个持续的过程，应定期进行以不断优化会展项目。

反馈机制：建立有效的反馈机制，确保评估结果能够被合理利用并指导未来的会展项目改进。

品牌评估：对于品牌会展，还需要考虑其无形资产要素，如品牌影响力、市场认知度等。

风险管理：评估会展项目中的风险管理能力，包括预案制订、风险识别与应对等。

服务质量管理：对会展期间提供的服务进行质量评估，包括接待、咨询、现场管理等。

社会效益评估：除了经济效益，还应考虑会展对社会和文化的影响。

经济效益分析：评估会展带来的直接和间接经济效益，如增加的商业机会、旅游收入等。

二、适用范围

适用于会议、展览、节事活动等会展类项目的评估。主要对项目的整体效果进行评估，包括参展商数量、参观人流量、影响范围、参展品数量和质量等；对参展商和观众的满意度进行评估；对会展项目的经济效益进行评估，包括收入、支出、利润等财务指标，以及对当地经济的拉动作用；对会展项目的社会效益进行评估，包括促进产业发展、提升城市形象、推动文化交流等方面的作用。

三、人员分工

- **项目评估负责人：**负责整体评估工作的规划、组织和协调，确保评估过程的顺利进行。审核评估报告，确保评估的客观性、准确性和全面性。

● **市场与财务分析师**：分析会展项目的市场表现，包括观众数量、参展商反馈、市场占有率等。评估项目的财务状况，包括成本控制、收入达成、投资回报率等。

● **数据收集与统计人员**：设计并实施数据收集计划，包括问卷调查、访谈、现场观察等。整理和统计收集到的数据，为分析提供基础。

● **报告编写人员**：根据评估结果编写详细的评估报告，总结评估发现、分析结果和改进建议，确保报告的逻辑清晰、内容准确无误。

四、工作程序

具体工作流程参照图 5–3 会展项目评估流程图。

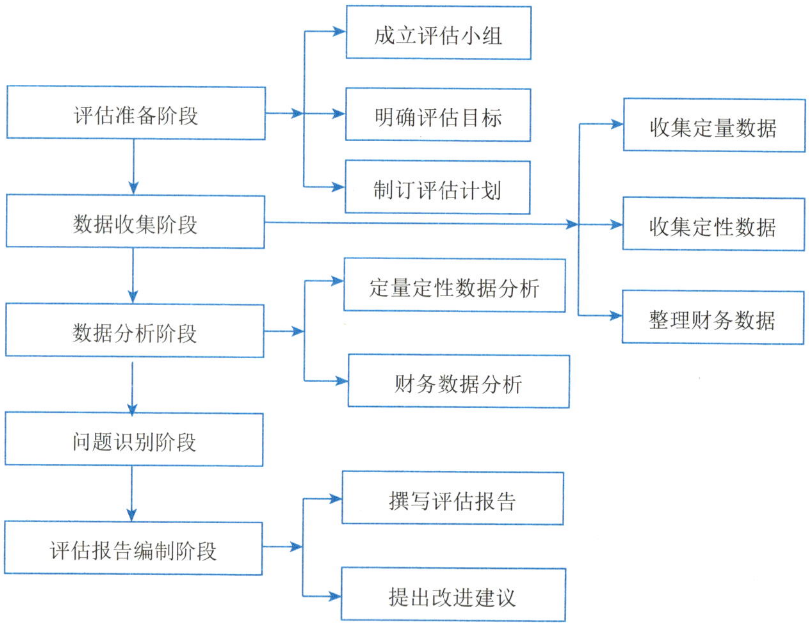

图 5–3 会展项目评估流程图

1. 评估准备阶段。

成立评估小组：确定评估团队成员，通常包括项目经理、市场人员、财务人员等。

明确评估目标：确定评估的具体目标和关注点，如参展商满意度、观众反馈、财务效益等。

制订评估计划：制订详细的评估时间表、方法和工具。

2. 数据收集阶段。

收集定量数据：收集与会展相关的定量数据，如参展商数量、观众人数、销售额等。

收集定性数据：通过问卷调查、访谈等方式收集参展商和观众的定性反馈。

整理财务数据：收集和整理会展的财务数据，包括预算、支出、收入等。

3. 数据分析阶段。

定量定性数据分析：对收集的定量数据进行统计分析，评估会展的规模和经济效益；对收集的定性数据进行内容分析，提取关键主题和模式。

财务数据分析：对财务数据进行分析，评估会展的成本效益。

4. 问题识别阶段。

识别问题和不足并分析原因：通过数据分析，识别会展中存在的问题和不足之处；分析问题产生的原因，确定影响因素。

5. 评估报告编制阶段。

撰写评估报告：根据收集的数据和分析结果，撰写详细的评估报告。

提出改进建议：基于评估结果，提出改进会展效果和效率的建议。

五、相关任务记录表式

以下记录表式仅供参考，可以根据实际项目和需求进行增减和修改。

●5200-01 会展项目评估填报表

5200-01 会展项目评估填报表

会展项目评估填报表

项目名称：[填写会展项目名称]

评估日期：[填写评估日期]

评估单位：[填写评估单位名称]

一、基本信息

指标编号	评估指标	指标描述	目标值	实际值	完成率	备注
A01	会展日期	会展举办的具体日期	—	[日期]	—	—
A02	举办地点	会展的具体举办地点	—	[地点]	—	—

二、参与度指标

指标编号	评估指标	指标描述	目标值	实际值	完成率	备注
B01	参展商数量	参与会展的展商总数	[目标]	[实际]	—	—
B02	观众人数	参与会展的观众总数	[目标]	[实际]	—	—

三、财务指标

指标编号	评估指标	指标描述	目标值	实际值	完成率	备注
C01	总预算	会展的总预算金额	[金额]	[实际]	—	—
C02	总收入	会展的总收入金额	[金额]	[实际]	—	—
C03	总支出	会展的总支出金额	[金额]	[实际]	—	—
C04	盈利情况	会展的盈利或亏损情况	[目标]	[实际]	—	—

四、运营效率指标

指标编号	评估指标	指标描述	目标值	实际值	完成率	备注
D01	展览面积	会展使用的总面积	[面积]	[实际]	—	—
D02	现场管理效率	现场人流、物流、信息流的管理效率	[描述]	—	—	—

五、市场与宣传指标

指标编号	评估指标	指标描述	目标值	实际值	完成率	备注
E01	宣传费用	用于宣传的总费用	[金额]	[实际]	—	—
E02	媒体曝光次数	会展在媒体上的曝光次数	[目标]	[实际]	—	—

六、客户满意度指标

指标编号	评估指标	指标描述	目标值	实际值	完成率	备注
F01	参展商满意度	参展商对会展的满意程度	[目标]	[实际]	—	—
F02	观众满意度	观众对会展的满意程度	[目标]	[实际]	—	—

七、问题与改进指标

指标编号	评估指标	指标描述	目标值	实际值	完成率	备注
G01	遇到的问题	会展中遇到的主要问题	—	[描述]	—	—
G02	改进建议	针对问题的改进建议	—	[描述]	—	—

八、其他指标

指标编号	评估指标	指标描述	目标值	实际值	完成率	备注
H01	额外观察	其他有价值的观察和见解	—	[描述]	—	—
H02	特殊事件	会展中发生的任何特殊事件	—	[描述]	—	—

评估负责人：[填写负责人姓名]

审核人：[填写审核人姓名]

填报日期：[填写日期]

•5200-02 参展商满意度调查表

5200-02 参展商满意度调查表

参展商满意度调查表

非常感谢贵单位参加本届展览会，为了更大程度地满足参展商需求，开展后续合作，坐实展会效果，在此，诚挚地邀请您来完成这样一份满意度调查表，您的积极配合我们将不胜感激！

1. 您参加本次展览会的目的：

□市场调研　□销售　□开拓市场　□收集信息

□品牌推广　□招商　□其他

2. 您从何处了解到本次展览会：

□网络平台　□邀请函　□媒体广告　□同行推荐

□其他

3. 您选择本届展览会的理由：

□主办方级别　□展会影响力　□专业水平　□参展费用

□其他

4. 您对本次展览会展出效果满意程度：

□非常满意　□满意　□一般　□不满意

5. 您对本次展览会宣传满意程度：

□非常满意　□满意　□一般　□不满意

6. 您对本次展览会观众组织满意程度：

□非常满意　□满意　□一般　□不满意

7. 您对本次展览会现场服务工作满意程度：

□非常满意　□满意　□一般　□不满意

综合性：□满意　□一般　□不满意

展位设计：□满意　□一般　□不满意

8. 您是否愿意参加下届展览会：

□是　□否　□不确定

9. 请您对本届展览会整体情况进行评分：________ 分（满分 100 分）

10. 您的意见或建议：______________________________

填报单位：　展位号：

联系电话：　填报日期：

•5200–03 观众满意度调查表

5200–03 观众满意度调查表

观众满意度调查表

非常感谢您参观本届展览会，为了更大程度地满足观众需求，提升展会品质，坐实展会效果，在此，诚挚地邀请您来完成这样一份满意度调查表，您的积极配合我们将不胜感激！

1. 您参观本次展览会的目的：

□个人兴趣　□了解行业动态　□收集信息　□市场调研

□其他

2. 您从何处了解到本次展览会：

□网络平台　□邀请函　□媒体广告　□同行推荐

□其他

3. 对于本次展览会现场氛围布置、展区划分及展示内容，您的看法：

□很满意，体现专业性　□较满意，场地规划整齐

□一般，没什么特别　　□不满意，一点都不专业

□其他（请具体说明 ________________）

4. 本次展会中您最满意的是哪方面（可多选）：

□展商秩序良好　　□现场气氛活跃

□展品有吸引力　　□现场各项服务周到贴心

□展商热情，交易愉快　　□其他（请具体说明 __________）

5. 您认为本次展览会实际情况与宣传推广是否一致：

□一致　　□不太一致　　□不清楚

6. 您在本次展览会中是否达到预期目标：

□基本达到　　□超出目标　　□未达到

7. 您对本次展览会现场服务工作的满意程度：

□非常满意　　□满意　　□一般　　□不满意

8. 您是否愿意参观下届展览会：

□是　　□否　　□不确定

9. 请您对本届展览会整体情况进行评分：________ 分（满分 100 分）

10. 您的意见或建议：____

填表人：　　　　联系电话：　　　　填报日期：

●5200-04 项目服务满意度调查表

5200-04 项目服务满意度调查表

××项目服务满意度调查表

展会名称		服务日期	
联系人（选填）		联系电话（选填）	
承办单位			
服务满意度调查表			
总体满意度	非常不满意□　不满意□　一般□　比较满意□　非常满意□		
会展服务专业水平	非常不满意□　不满意□　一般□　比较满意□　非常满意□		
会展宣传情况	非常不满意□　不满意□　一般□　比较满意□　非常满意□		

续表

便利性	非常不满意□　不满意□　一般□　比较满意□　非常满意□
反馈及时性	非常不满意□　不满意□　一般□　比较满意□　非常满意□
服务态度	非常不满意□　不满意□　一般□　比较满意□　非常满意□
环境舒适性	非常不满意□　不满意□　一般□　比较满意□　非常满意□
文明程度	非常不满意□　不满意□　一般□　比较满意□　非常满意□
服务期望达成程度水平	非常不满意□　不满意□　一般□　比较满意□　非常满意□
再次参展（观展）意愿	是□（视同为非常满意）　否□（视同为非常不满意）
其他要求或建议：	

课后实训任务

1）完成项目评估的实训岗位设置与工作任务分解；

2）完成项目评估组的组织架构图；

3）撰写项目评估报告；

4）具体实施过程中，利用相关表式完成过程性记录；

5）项目评估实训结束后，完成阶段实训项目复盘与评价工作。

（具体表式设计可以参考“先导二　会展项目管理实训设计”）

项目3　项目总结与归档

一、项目目的

会展项目总结与归档工作是项目管理周期的最后阶段也是重要阶段，涉及对整个项目进行回顾和记录。其目的是收集经验、整合信息、评估成果，并为未来类似项目提供参考和借鉴。它是确保项目知识得以保存、分享和未来再利用和改进的关键环节，有助于提升组织项目管理的成熟度和效率。

知识小贴士

会展项目需要归档的材料有哪些？

1. 项目建议书和批复：项目启动初期提出的建议书及相关批复文件。

2. 项目申请书：正式向相关机构或部门提交的展会项目申请文件。

3. 任务书、委托书、合同：明确项目任务、责任和目标的文档，以及与项目实施相关的委托书和合同文件。

4. 调研报告和方案论证报告：市场调研结果和基于调研结果提出的展会实施方案的论证报告。

5. 工作阶段总结或进展报告：项目实施过程中各个阶段的总结报告和进展更新报告。

6. 总结报告和研究工作报告：项目结束时的综合总结报告，包括研究工作报告、技术总结报告等。

7. 会议记录和会议纪要：项目过程中所有重要会议的记录和会议纪要。

8. 项目验收报告：展会结束后，对整个项目进行的正式验收报告。

9. 项目技术报告：详细介绍项目技术细节和实施结果的技术性报告。

10. 项目宣传稿和展板宣传稿：用于展会宣传的材料，包括宣传稿和展板文本。

11. 专家修改意见处理情况表：记录专家评审意见及项目组处理情况的文档。

12. 项目情况与成效简介：简要介绍项目的背景、执行情况和取得的成效。

13. 参展手册：为参展商提供的关于展会信息、规则、服务等的手册。

14. 广告宣传材料：展会的宣传广告，包括线上和线下宣传材料。

15. 招展招商文件：展会招展和招商的相关资料。

16. 展会服务与现场管理文件：涉及展会现场服务和管理工作的文档。

17. 参展商和观众管理文件：管理参展商和观众的相关资料和政策。

18. 会展安全及应急管理文件：有关展会安全和紧急情况应对的计划和程序。

19. 财务报告和审计报告：展会的财务状况报告和审计结果。

20. 法律文件和合规性文件：确保展会遵守相关法律法规的文件。

21. 项目成果和影响评估报告：评估展会成果和对相关领域产生的影响。

22. 项目反馈和评估调查：收集的参展商、观众和合作伙伴的反馈和展会评估调查结果。

23. 照片和视频资料：展会期间拍摄的用于记录和宣传的照片和视频。

24. 感谢信和表彰证书：对参与展会并做出贡献的个人或机构的感谢信和表彰证书。

25. 项目归档清单：列出所有归档文件的清单，便于查找和管理。

26. 其他相关文档。

二、适用范围

适用于会议、展览、节事活动等会展类项目的归档管理工作。包括项目从启动到收尾阶段所涉及的所有文档的收集与整理、项目成果与目标的对比分析、整体项目的总结等。此外，还需包括对会展项目中出现的问题和解决方案的记录，以及对未来项目的改进建议的归纳。这一过程对于保存项目历史记录、提升项目管理水平、指导未来项目策划与执行具有重要意义。

三、人员分工

项目经理：负责整个项目总结与归档工作的指导和监督，提交总结报告给项目发起人及干系人。

文档管理人员：负责整理和归档项目过程中产生的所有文档，包括会议记录、决策文件、变更记录等。

项目总结报告编写人员：负责撰写项目总结报告并提交给项目经理。

四、工作程序

具体工作流程参照图 5–4 会展项目总结与归档工作流程图。

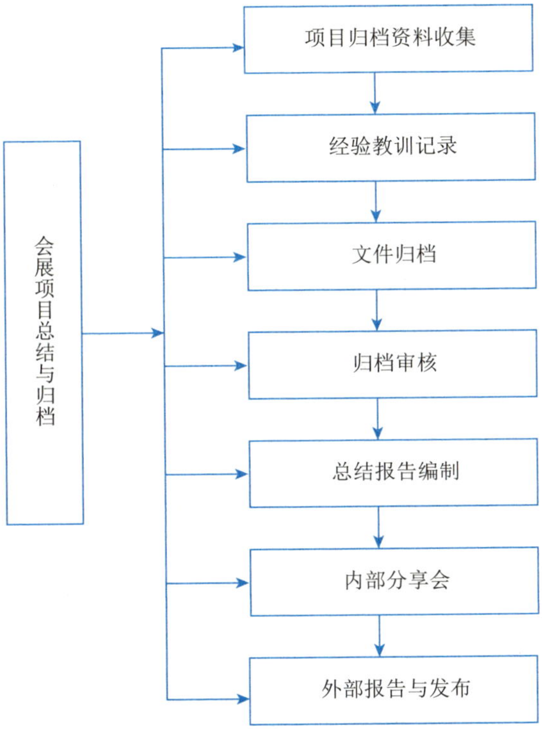

图 5–4　会展项目总结与归档工作流程图

1. 项目归档资料收集：收集项目所有相关文档，包括项目计划书、会议记录、决策文件、进度报告、变更日志等。

2. 经验教训记录：汇总项目团队在整个过程中学到的经验和教训，这些信息对于提升未来项目的操作至关重要。

3. 文件归档：将所有项目文件进行分类、编号、数字化（如适用），并按照公司或组织的档案管理系统进行归档。

4. 归档审核：对归档的文件进行审核，确保所有重要文档都已被妥善保存，且确认归档信息的准确性和完整性。

5. 总结报告编制：编制项目总结报告。很多会展公司将展后报告更多体现为项目结束后的成绩单展示，参展商与专业观众的情况分析，主要展品展示，会议及活动亮点，展商评价及下一届展会的预告。

6. 内部分享会：组织内部分享会，让团队成员讨论项目经验，促进知识和经验的共享，加强团队学习和成长。

7. 外部报告与发布：如果需要，编制外部报告并向股东、合作伙伴、监管机构等相关方发布，提高项目透明度。

五、相关任务记录表式

以下记录表式仅供参考，可以根据实际项目需求进行增减和修改。

5300-01 会展项目经验教训分析表

•5300-01 会展项目经验教训分析表

××项目经验教训分析表

项目名称：__________________ 准备日期：__________________

一、项目绩效分析

项目	做得好的方面	有待改进的方面
需求定义和管理	列出在定义和管理需求时所有高效的做法或事件	列出在定义和管理需求时所有有待改进的做法或事件
范围定义和管理	列出在定义和管理范围时所有高效的做法或事件	列出在定义和管理范围时所有有待改进的做法或事件
进度制订和控制	列出在制订和控制进度时所有高效的做法或事件	列出在制订和控制进度时所有有待改进的做法或事件
成本估计和控制	列出在估计和控制成本时所有高效的做法或事件	列出在估计和控制成本时所有有待改进的做法或事件
质量规划和控制	列出在规划、保证和控制质量时所有高效的做法或事件	列出在规划、保证和控制质量时所有有待改进的做法或事件，例外的特殊缺陷也要列出
人力资源的可获得性，团队开发和绩效	列出在团队成员一起工作、开发和管理团队时所有高效的做法或事件	列出在团队成员一起工作、开发和管理团队时所有有待改进的做法或事件
沟通管理	列出在规划和发布信息时所有高效的做法或事件	列出在规划和发布信息时所有有待改进的做法或事件

续表

项目	做得好的方面	有待改进的方面
干系人管理	列出在管理干系人期望时所有高效的做法或事件	列出在管理干系人期望时所有有待改进的做法或事件
报告	列出在报告项目绩效时所有高效的做法或事件	列出在报告项目绩效时所有有待改进的做法或事件
风险管理	列出在风险管理过程中所有高效的做法或事件	列出在风险管理过程中所有有待改进的做法或事件，例外的特殊风险也要列出
采购规划和管理	列出在规划、实施和管理合同时所有高效的做法或事件	列出在规划、实施和管理合同时所有有待改进的做法或事件
过程改进信息	列出所有被开发的、将会持续进行的过程	列出所有将变更或不再继续的过程
特殊产品的信息	列出在交付特殊产品、服务或结果时所有高效的做法或事件	列出在交付特殊产品、服务或结果时所有有待改进的做法或事件
其他	列出所有高效的做法或事件，如变更控制、配置管理等	列出所有有待改进的做法或事件，如变更控制、配置管理等

二、风险和问题

编　号	风险或问题描述	响　应	说　明
标志	识别已发生的、被认为需要组织提高认识的风险	描述响应和它的效果	说明为了提高未来项目绩效应该做些什么

三、质量缺陷

描　述	解决方案	说　明
标志	识别被认为组织应该提高成效的质量缺陷	说明为了提高未来项目绩效应该做些什么

四、卖方管理

卖　方	问　题	解决方案	说　明
列出卖方	描述所有已发生的问题、索赔或缺陷	描述解决方案	

五、其他

其他绩效领域	待改进领域
识别	识别未来项目应该改进的领域

●5300–02 会展项目总结报告

5300–02 会展项目总结报告

××项目总结报告

1. 项目概况

（列出展会的基本信息及本次展会的成绩单，可以包括展览面积、参展企业数量、参展观众数量、参展国家和地区数量、交易额、活动数量等重要数据）

2. 参展商分析

（可以根据收集的参展商数据和参展商调查问卷等详细分析参展商的来源及构成；对参展目的及行业、地域、职级等各种信息进行数据化图表分析）

3. 观众分析

（可以根据收集的观众数据和观众调查问卷等详细分析观众的来源及构成，对参观目的及行业、地域、职级等各种信息进行数据化图表分析）

4. 论坛活动

（对展会同期举办的论坛活动进行列表和图文展示，可以列出重要嘉宾核心观点、精彩活动细节图片等）

5. 宣传推广

（整理关于展会的宣传新闻报道，并对媒体宣传数量、媒体级别、媒体重要消息进行截取佐证）

6. 展会亮点

（抓取展会的亮点，例如新产品、新技术、新思想等前沿性信息或行业新趋势、新变化等创新亮点）

7. 参展商或观众评价

（列出重要参展商和观众对展会及相关论坛活动的评价）

8. 结论与展望

（对展会进行结论性概述，并对下一届展会进行展望）

课后实训任务

1）完成项目总结与归档的实训岗位设置与工作任务分解；

2）撰写项目总结报告；

3）具体实施过程中，利用相关表式完成过程性记录；

4）项目总结与归档实训结束后，完成阶段实训项目复盘与评价工作。

（具体表式设计可以参考“先导二　会展项目管理实训设计”）

总结与反思

1. 会展项目验收包括哪些方面，基于什么内容进行验收？
2. 会展项目评估对于会展项目的重要性有哪些？
3. 如何理解会展项目总结与归档是做好下一个会展项目的重要基础？

参考文献

［1］胡芬．会展项目管理［M］．武汉：武汉大学出版社，2014.

［2］杨顺勇，施谊．会展项目管理［M］．上海：复旦大学出版社，2009.

［3］莫志明．会展项目管理实务［M］．上海：上海交通大学出版社，2011.

［4］陈颖．会展实训综合教程［M］．重庆：重庆大学出版社，2015.

［5］潘春胜，郑标文，仲欣．会展项目管理实务［M］．北京：高等教育出版社，2020.

［6］张捷雷．会展策划实务［M］．南京：东南大学出版社，2022.

［7］何焱．会展项目管理［M］．北京：中国轻工业出版社，2022.

［8］张静，渠小玉．会展项目策划与组织［M］．镇江：江苏大学出版社，2020.10.

［9］施谊．会展项目管理［M］．北京：北京大学出版社，2015.

［10］张雪梅，付业勤．会展项目策划与管理［M］．西安：西安交通大学出版社，2016.

［11］李敏．会展会议活动项目管理手册［M］．北京：中国电力出版社，2015.

［12］江金波．会展项目管理：理论、方法与实践［M］．2 版．北京：清华大学出版社，2020.

［13］田宗碧．会展项目管理［M］．广州：广东高等教育出版社，2015.06.

［14］莱顿．敏捷项目管理［M］．3 版．北京：人民邮电出版社，2022.

［15］Project Management Institute（项目管理协会）．项目管理知识体系指南（PMBOK 指南）［M］．6 版．北京：电子工业出版社，2018.